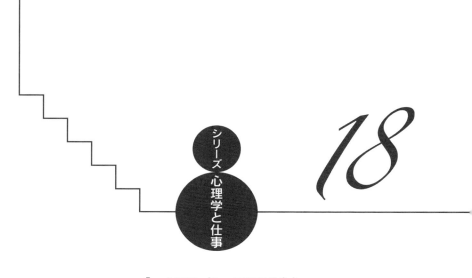

シリーズ 心理学と仕事 18

交通心理学

太田信夫 監修
松浦常夫 編集

北大路書房

主に活かせる分野／凡例

 医療・保健
 福祉・介護
 教育・健康・スポーツ
 司法・矯正
 産業・労働・製造
 サービス・販売・事務
 IT・エンジニア
 研究・開発・クリエイティブ
 建築・土木・環境

監修のことば

> いきなりクエスチョンですが，心理学では学会という組織は，いくつくらいあると思いますか？
> 　　　　　　　　10？ 20？ 30？ 50？
> 　　　　　　　　　　　　　　　　　　　　　（答 ii ページ右下）

　答を知って驚いた方は多いのではないでしょうか。そうなんです。心理学にはそんなにもたくさんの領域があるのです。心理学以外の他の学問との境界線上にある学会を加えると 100 を超えるのではないかと思います。

　心理学にこのように多くの領域があるということは，心理学は多様性と必要性に富む学問である証です。これは，心理学と実社会での仕事との接点も多種多様にさまざまであることを意味します。

　折しも心理学界の長年の夢であった国家資格が「公認心理師」として定められ，2017 年より施行されます。この資格を取得すれば，誰もが「こころのケア」を専門とする仕事に従事することが可能になります。心理学の重要性や社会的貢献がますます世間に認められ，大変喜ばしい限りです。

　しかし心理学を活かした仕事は，心のケア以外にもたくさんあります。私たちは，この際，心理学と仕事との関係について全体的な視点より，整理整頓して検討してみる必要があるでしょう。

　本シリーズ『心理学と仕事』全 20 巻は，現代の心理学とそれを活かす，あるいは活かす可能性のある仕事との関係について，各領域において検討し考察する内容からなっています。心理学では何が問題とされ，どのように研究され，そこでの知見はどのように仕事に活かされているのか，実際に仕事をされている「現場の声」も交えながら各巻は構成されています。

　心理学に興味をもちこれからそちらへ進もうとする高校生，現在勉強中の大学生，心理学の知識を活かした仕事を希望する社会人などすべての人々にとって，本シリーズはきっと役立つと確信します。また進路指導や就職指導をしておられる高校・専門学校・大学などの先生方，心理学教育に携わっておられる先生方，現に心理学関係の仕事にすでについておられる方々にとっても，学問と仕事に関する本書は，座右の書になることを期待していま

す。また学校ではテキストや参考書として使用していただければ幸いです。

　下図は本シリーズの各巻の「基礎－応用」軸における位置づけを概観したものです。また心理学の仕事を大きく分けて，「ひとづくり」「ものづくり」「社会・生活づくり」とした場合の，主に「活かせる仕事分野」のアイコン（各巻の各章の初めに記載）も表示しました。

　なお，本シリーズの刊行を時宜を得た企画としてお引き受けいただいた北大路書房に衷心より感謝申し上げます。そして編集の労をおとりいただいた奥野浩之様，安井理紗様を中心とする多くの方々に御礼を申し上げます。また企画の段階では，生駒忍氏の支援をいただき，感謝申し上げます。

　最後になりましたが，本書の企画に対して，ご賛同いただいた各巻の編者の先生方，そしてご執筆いただいた300人以上の先生方に衷心より謝意を表する次第です。

監修者
太田信夫

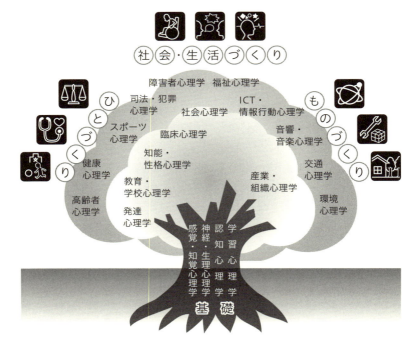

(答50)

はじめに

　交通心理学は交通事故という社会的問題を解決するための研究や実践を主な目的とする心理学の応用分野です。そのため，社会から注目・期待されている分野です。

　ニュースになるような交通事故が発生したり，交通安全に関係する新しい制度が検討されたりすると，その心理学的な背景や根拠を説明するよう行政やマスコミから要請があります。もっと身近には，家族が巻き込まれた事故のことをもっと知りたいという人や従業員の事故の多さに悩む会社からの相談を受けることもあります。問題は具体的で多岐にわたりますが，そうした個別の事例の背景にある交通心理学的知見が役立つときです。

　ここでは，交通心理学者の対外的な仕事，つまり研究以外の各方面からの実務的要請や期待を述べていきたいと思います。また，交通心理学を勉強した人の就職先についても簡単にふれます。

1．マスコミからの取材

　死者がたくさん出るような大事故が発生したり，高速道路での逆走や商店街への車の突っ込みといったような特異な事故が発生したりすると，よく新聞社から事故を起こしたドライバーの心理や行動について，交通心理学的な説明をするよう取材の電話がかかってきます。また，新聞社などが主催するシンポジウムに交通心理学の研究者が発表者として参加することがあります。

　テレビ番組への出演もたまにあります。これには研究室で1時間か2時間かけて取材され，その映像のほんの一部（10秒くらい）が番組で取り上げられるというパターンと，スタジオで収録したり，生出演したりするというパターンがあります。新聞と異なって顔がテレビに出るので，出演を引き受けるには思い切りが必要です。社会に対する義務的仕事だと思って引き受ける研究者が多いでしょう。

　マスコミといえるかわかりませんが，日本では交通安全関連雑誌がいくつか月刊で発売されています。発行主は全日本交通安全協会，全日本指定自動車教習所協会連合会，日本交通安全教育普及協会，東京法令出版などです。こうした雑誌には，交通心理学のトピックスを解説したり，自分の研究を紹

介したりする記事が毎号，寄稿されています。読者は自動者教習所のオーナーや指導員，業務中の事故防止に携わっている安全運転管理者などの担当者，車を多く保有する事業所に対して事故防止のアドバイスをしている損害保険会社のリスクコンサルタント，交通安全教育に携わっている地域のボランティアや団体職員，そして警察や地方自治体や学校で交通安全に携わっている警察官・地方公務員・教員などさまざまです。

2．行政への助言

　国や地方自治体の行政機関と連携して交通安全問題に取り組むことは，交通心理学の研究者や団体（日本交通心理学会）にとって重要なことです。本来は，研究者や学会が警察などの行政機関に働きかけて，新しい制度をつくったり，今ある制度を改善していったりすることが理想です。交通心理学というよりも交通科学全体の要望がかなって，自動車安全運転センターに運転者教育の指導員やプロドライバーに対する教育機関である安全運転中央研修所が設置されたり（1975 年），各省庁に散らばっていた交通事故や運転免許や車両や交通のデータを集めてデータベース化し，それを一般に公開するという目的で交通事故総合分析センターが 1992 年に設立されたりしたのは，その一例です。

　交通行政の中では，運転免許行政の中の自動車教習所での教育に関して交通心理学から多くの働きかけや助言がなされてきました。教習内容や教習方法，教習時限数など，交通心理学の知見が採用され改善されてきました。

　しかし，行政機関の要請や期待で一番多いのは，法律改正を控えての調査研究委員会に委員長や委員として参加することです。警察庁や国土交通省などの省庁が法律を改正しようとするときには，必ずといってよいほど，その改正の根拠を得たり，再確認をしたりするために学識者を集めた委員会が設置されます。設置場所は省庁そのものの場合もありますし，所管の公益法人に設置される場合もあります。また，有識者に行政の政策方針や行政課題について意見を聞く有識者会議や審議会に委員として参加することもあります。

3．交通心理士制度

　日本で交通心理学を研究している研究者のほとんどは，日本交通心理学会に加入しています。この学会のユニークなところは研究者よりも実務家の会

員数のほうが多いということです。実務家で多いのは，自動者教習所のオーナーや教習指導員，損害保険会社のリスクコンサルタント，自動車を多く保有する企業やバス会社などで交通事故防止を担当している人などです。日本交通心理学会では，こうした実務家に交通心理学の基礎知識を教え，到達度と実績に応じて「交通心理士」という資格を与えています。交通心理士の資格を得た実務家は，職場で交通心理学を生かして，また資格者というプライドをもって業務を行っています。

4. 交通心理学を勉強した人の仕事

　日本交通心理学会の会員数は900人で，50を超える心理学関係の学会の中では中規模な学会といえます。また，国際応用心理学会という心理学の世界では指折りの国際学会の中で，交通心理学は第13部会に位置づけられています。ところが日本では交通心理学の研究者は100人に満たないのです。その大きな理由は大学に交通心理学科とか交通心理学コースがないためです。したがって，大学院で交通心理学関係の学位を取得する人は年間に1人か2人というのが現状です。そういった人のほとんどは大学の教員になるか交通に関わる研究機関に就職し，交通心理学の研究を続けることになります。

　交通心理学の研究者の中には，大学や大学院で心理学は勉強したが交通心理学の勉強はしたことがない人もいます。そういう人は卒業してから，自発的にあるいは業務のために交通心理学を本格的に勉強したのです。

　交通心理士の資格を取るために交通心理学を勉強した人は，そのほとんどは取る前と同じ職場で仕事をすることが多いようです。交通心理学の研究者になるわけではありませんが，交通心理学が仕事のうえで役立っているようです。交通心理士の資格は，日本交通心理学会が認定する資格で，最近になって設けられた公認心理師のような国家資格ではありません。しかし，国土交通大臣が認定する「第一種カウンセラー」になるための資格要件の1つになっています。交通心理士の資格があると，研修の後，運転者に対する適性診断の実施ができる資格が認定されるのです。

編　者

松浦常夫

目　次

監修のことば　i
はじめに　iii

第1章　交通心理学の紹介　　1
　1節　交通心理学の研究テーマ　　1
　2節　交通心理学の研究法　　6

第2章　交通事故はなぜ起きるか　　13
　1節　交通事故の原因　　13
　2節　事故分析：事故をどう調べるか　　20

　● 現場の声1　損害保険リスクコンサルティング会社の交通事故防止…………28
　● 現場の声2　交通事故の工学的な再現（鑑定）と裁判……………………………30
　● 現場の声3　交通違反と交通事故………………………………………………………33

第3章　事故者の心理特性　　35
　1節　運転適性　　35
　2節　疲労と飲酒　　42

　● 現場の声4　警察の心理職員による運転適性検査の運用と指導………………50
　● 現場の声5　心理学と運転適性検査……………………………………………………52
　● 現場の声6　バス会社の安全指導………………………………………………………54

第4章　運転行動　　57
　1節　危険の予測と対処　　57
　2節　運転技能と運転パフォーマンス　　66

　● 現場の声7　運転シミュレータの開発…………………………………………………73
　● 現場の声8　自動車教習所の運転技能講習……………………………………………75
　● 現場の声9　JAFと自動車安全運転センター中央研修所……………………………77

第5章　運転者教育　　79
　1節　運転技能の習得　　79
　2節　運転者の再教育　　86

　● 現場の声10　警察の運転者講習…………………………………………………………95
　● 現場の声11　自動車教習所のコーチング技法を用いた教育………………………97
　● 現場の声12　自動車事故対策機構の職業運転者教育………………………………99

- ◉ 現場の声 13　雑誌の編集と講習……………………………………………………101

第 6 章　歩行者の安全　　103

　1 節　道路横断　　103
　2 節　歩行者への安全教育　　110

- ◉ 現場の声 14　ホンダの歩行者安全教育……………………………………………119
- ◉ 現場の声 15　自動車教習所の歩行者教育…………………………………………121
- ◉ 現場の声 16　交通安全教育指導員の仕事…………………………………………123

　付録　さらに勉強するための推薦図書　　125
　文献　　127
　人名索引　　133
　事項索引　　134

第1章
交通心理学の紹介

活かせる分野

1節　交通心理学の研究テーマ

1．交通心理学の位置づけと目的

　交通心理学は自動車交通の進展とともに発達してきた応用心理学の一分野です。交通には自動車や歩行者が移動する道路交通の他に，鉄道や航空や船による交通がありますが，交通心理学では主として道路交通が研究対象となっています。

　応用心理学としての交通心理学には2つの意味があります。1つは認知心理学や学習心理学といった基礎的な心理学の知見や方法論を交通心理学に応用するということで，もう1つは交通という社会生活の一分野が心理学的研究の応用領域だということです。

　後者の視点からすると，交通心理学は交通工学や交通医学や交通経済学といったさまざまな交通科学の一員という側面をもちます。他の交通科学と協同して，また時には競合しながら交通心理学は交通問題に取り組んでいます。

　交通心理学が問題としているのは主に次の3つの問題です(Huguenin, 2005)。

　　①安全　　②環境　　③移動

交通心理学の目的・役割から交通心理学を定義すれば，交通心理学とは心理学という学問をベースとし，他の交通科学と共同して，主に自動車が関与する安全（事故），環境，移動といった交通の諸問題を解決する応用心理学です。

2．事故に関する古くて新しいテーマ

　交通事故とその防止は交通心理学の一番のテーマです。事故時の運転者や歩行者の心理と行動，事故に影響する視覚的環境，事故に影響する個人要因などさまざまなテーマがあります。中でも個人要因，特に遺伝によって規定された個人特性と事故との関係は，交通心理学の先がけとなった20世紀前半のメインテーマでした。

　この問題はまず職業運転者の選抜から始まりました。アメリカで最初の大衆車と呼ばれるT型フォードが大量生産された頃（1913年），産業心理学の祖といわれるミュンスターベルクは，「さまざまな職業ごとに要求される精神運動能力は異なる」と考え，高額の事故補償金に悩む市電当局の要請から最初の職業適性検査である市電運転者検査を開発しました（Echterhoff, 1991; Rothengatter, 2001）。また，ドイツでは1915年にメーデによって，軍隊の運転者に心理的適性検査が実施され，20世紀の最初の20年間に，最良の自動車運転者を選抜するために多数の検査所と適性検査がつくられたといいます（Echterhoff, 1991）。

　その後，自動車交通が進展し，一般の人でも自家用車が手に届くようになり，それに呼応して事故が多く発生するようになると，適性のある運転者を選抜することから，事故者を特定することに関心が移っていきました。これが後に論争を引き起こすことになる事故傾性（アクシデント・プロンネス）の問題です。事故傾性とは，「個人が繰り返して事故を起こすことを理論的に説明する心理学的抽象概念であって，ある個人に事故を起こさせる永続的なあるいは安定したパーソナリティ特質のこと」（Haddon et al, 1964）です。この考えはマスコミを中心に一大ブームとなったようですが，事故傾性を測定する適性検査が完全なものとはいえず，また事故傾性の考え方が妥当であることを示す実証的研究が少なかったため，第二次世界大戦以後から事故傾性を否定する動きが主流となりました（松浦，2000；Haight, 2004）。

現在では，事故傾性という概念は論文からは影をひそめましたが，その考えがまったく否定されているわけではありません。ドイツ語圏の国や日本では，違反や事故を起こした運転者に対して運転適性の診断を実施しています。ただし，これは事故多発者を道路上から排除するというより，自分の性格や能力の弱点を知ってもらって安全運転に生かすという教育の一環です。

　また，道路や交通システムや車両の改善による事故防止効果が一巡したため，最近では運転者や歩行者等の人の側面が再びクローズアップされてきました。交通安全の最終的な決め手は人の心だという考えです。飲酒運転に対する厳罰化や認知症運転者対策の強化はこの流れによるものです。特に，高齢化社会が進展する日本では，心身機能が衰えた高齢運転者を支援する教育に力を注ぐ一方で，本当に危険な高齢者をどう識別し，運転を断念させるかが問題となってきています（松浦，2017）。この問題はまさに交通心理学が解決すべき問題でしょう。

3．事故に関するその他のテーマ

　事故の個人要因には遺伝に強く影響され比較的安定した性格や能力以外に，一時的な要因があります。飲酒，疲労，ストレス，睡眠不足，その他の不良な体調・病気がそれです。このうち，飲酒と疲労の問題は交通心理学で古くから取り上げられている問題です。両方とも生理的現象ですが，飲酒時や疲労時にどのような反応や運転行動が生じるかは交通心理学の分野です。最近になって飲酒運転の厳罰化が日本でも進み，酒気帯び運転の飲酒基準値が引き下げられましたが，交通心理学の研究がその際に基礎資料として用いられました（国際交通安全学会，2000；交通事故総合分析センター，2006）。

　事故という事象そのものの研究は，事故分析という名で多くの交通科学者によって実施されてきました。交通心理学が得意とするのは運転者や歩行者の事故時の行動や心理の分析です。事故直前の感情や注意対象や行動を運転者から聴取したり，事故調書などの記録から読み取ったり（事故の事例分析），交通事故統計のデータベースから分析したり（事故の統計分析）するのです。

4．事故防止対策としての教育，違反取締り，安全運転支援装置

　交通事故防止対策は3Eで表すことができます。教育（Education），工学（Engineering），取締り・規制（Enforcement）です。これに評価（Evaluation）や試験（Examination）などを追加することもありますが，最初の3Eが有名です。この中で教育と取締りは交通心理学の古くからのテーマです。教育の中心は交通安全教育です。教育というからには心理学より教育学が専門と考えがちですが，交通安全教育は教育心理学的アプローチをとるので，研究者のほとんどは心理学者で占められています。

　工学的対策そのものは交通心理学のテーマではありませんが，工学的対策に対して運転者などの交通参加者がどう対処するかは交通心理学のテーマとなります。信号機や標識の設置に対する遵守行動などがその代表です。シートベルトを着用しない理由や着用しない人についての研究もその1つです。

　最近の車には，さまざまな安全運転支援装置が標準装備されるようになってきました。一定の速度や車間距離を保ってくれるACC，ドライバーのふらつき走行に対して注意喚起するふらつき警報，走行車線の中央を走るよう制御するレーンキープアシスト，衝突を察知して警報を出したり，ブレーキ制御をしてくれたりする衝突被害軽減装置（自動ブレーキ）などです。また，安全運転支援の究極である自動運転技術も進んできました。こうした先進テクノロジーをドライバーは正しく使いこなせるのでしょうか。装置に対する信頼や不信，とっさの警報に対する反応，装置がある場合とない場合の運転者の意識や行動の違いなど，心理学的な問題はいくつもあります。

5．運転者や歩行者の行動

　心理学は心と行動を研究する学問です。交通心理学も移動にともなう人の心と行動を扱う学問です。したがって，事故時と普段では運転行動や歩行行動はどう異なるのかといった視点の他に，運転行動や歩行行動そのものを対象とする研究も多くなされてきました。

　運転行動は単に運転者の車内でのハンドル・ブレーキ操作といった行動や車の動きとして表れる速度や軌跡といった車両挙動だけが研究

対象ではありません。交通事故の3/4は発見の遅れによって生じていることからも，運転中に相手の車両や歩行者や信号などに注意を払うことが重要です。こうした危険対象物（ハザード）に対する視覚情報処理という運転者の心（知覚や認知）とそれを反映した行動が問題となるのです。

歩行者行動では一般成人の他に，子どもや高齢者に特定した歩行行動が研究されています。特に子どもの歩行行動は交通安全教育と関係づけられ，古くから研究されているテーマです。

6．環境に関するテーマ

環境の問題は3つに分かれます。1つは道路交通に起因する環境の悪化や改善に対する沿道住民や交通参加者（運転者や自転車利用者や歩行者など）の意識・態度や行動であり，2つめは歩行者や運転者の快適な移動環境の問題です。3つめは一番よく取り上げられる交通事故の誘因となる道路環境や交通環境の問題です。

3つの問題は交通心理学の課題であるはずですが，実際には研究例がそれほど多いわけではありません。1つめは交通環境に起因する運転者のストレスや怒り，エコドライブ運転の特徴と事故防止効果などの研究例があります。2つめのテーマは，交通工学や景観工学や建築の分野での研究例がほとんどです。3つめは，標識のデザインや視認性，夜間・雨天時の見えにくさ，アイカメラを用いた交通環境や運転負荷の評価など，知覚心理学や人間工学を応用した研究例があります。速度を抑えるための道路標示デザインなどの研究も対象ですが，これは交通工学で主として研究されています。

人のニーズに答えるような安全で快適な道路交通環境の実現のために，交通心理学の活躍の場はたくさん残されています。

7．移動（モビリティ）

人の交通とは，買物といったある目的があり，どこで買物をするか目的地を決め，そこへ自動車や徒歩といった何らかの移動手段で移動することです。交通心理学では移動時に生じる事故がメインテーマとなっていますが，移動そのものもテーマとなるはずです。残念ながらこのモビリティの問題は，交通心理学よりも交通工学で盛んに研究さ

れています。しかし，以下のようなテーマは交通心理学の守備範囲といえるでしょう。

　①移動手段の実態と要因，特に車への依存
　②車使用から徒歩や自転車や公共輸送機関利用への行動変容
　③車や免許が持つ心理的意味
　④園児や小学生の徒歩通学推進
　⑤高齢者の運転断念後のモビリティ確保
　⑥地域における各種道路の意味とその利用
　⑦車への同乗行動

　たとえば②の過度な車使用の抑制に関しては，交通工学者や行政の間で交通マネジメント政策の1つとしてモビリティ・マネジメントが展開されています。これは「一人ひとりのモビリティ（移動）が，社会的にも個人的にも望ましい方向に自発的に変化することを促す，コミュニケーションを中心とした交通政策」（土木学会土木計画学研究委員会，2005）であり，この実施には「一人ひとりがなぜ自動車を利用し公共交通を利用しないのか，いかにすれば人々の内面に行動を変えてみようという動機が芽生えるのか，さらにはその動機がどのようにすれば実際の行動に結びつくのか，といった心理的な基礎知識を踏まえることが重要だ」（藤井，2007）といいます。
　こうしたモビリティに関する研究に，本家の交通心理学はもっと貢献すべきでしょう。

2節　交通心理学の研究法

　交通心理学は交通場面での人の心と行動を扱う心理学です。そのため心理学で用いられる方法論のほとんどが，交通心理学でも適用されています。方法論を実験，観察，質問紙，面接，検査，データ解析，効果評価に分けて，そういった方法論が適用される分野とその分野で用いられる交通心理学に特徴的な技法を紹介しましょう。

1. 実験

　心理学の実験では室内実験が一般的です。それに対して，交通心理学では模擬道路や実際の道路上でもよく実験が行われます。特に，日本では教習所制度が発達しているために，教習所の模擬コースが実験によく使われています。運転行動が，飲酒させた状態としらふの状態でどう異なるか，急ぎ運転と通常運転でどう異なるか，教育前後でどう変化するかなどさまざまな実験が実施されてきました。

　室内実験では実際の交通場面をよく刺激条件として用います。たとえば，交通場面に潜む車や交差道路といった危険対象をどの時点でどのくらい発見できるか（ハザード知覚）に関する研究はいくつかの国で実施され，その国の運転免許試験に採用されています。

　交通心理学らしい室内実験は，ドライビング・シミュレータを用いた実験です。実際の道路を模擬した場面が運転席の前面や側面に示され，実際の車内を模擬した中でハンドル操作などをします。すると道路交通場面もそれに応じて変化し，まるで実際に運転しているかのような状況がつくりだせます。最近はコンピュータ技術が発展し，それを安価に利用できるようになってきたため，ドライビング・シミュレータを用いた実験が多くなってきました。

　この技法のよい点は，路上実験ではできない危険な状況下での運転が模擬できること，路上と異なり同一の走行環境下での運転が可能なこと，実験器材を車に搭載することなくコンピュータ上で速度や車間距離や走行軌跡などが測定できることです。しかし，技術は進展して

▲図1-1　ドライビング・シミュレータ
（三菱プレシジョン，2016）

いるものの実際の運転とは異なること，模擬運転していて酔いを感じる人がいること（シミュレータ酔い）など問題点もあります。

2．観察

　運転行動や歩行行動を観察するのは交通心理学の基本です。問題は行動のどの側面をどういった状況下で観察するかです。たとえば合図行動を観察するとしましょう。その1つの方法は，ドライバーが交差点左折時に方向指示器を出すタイミングの観察です。仮説は交差点接近速度が速いほど早めにウインカーを出すとします。この場合にはまず交差点を何らかの基準で選び，その交差点後方のビルから下の交差点を左折する車をビデオ撮影します。ウインカーが交差点の手前何メートルから出されたか，その時の速度はどのくらいだったか，前後に車がいたか，前の車のウインカー提示位置はどこであったかなどを，ビデオを見ながら後で測定します。こういった観察は，対象とするドライバーに観察者は何も制約を与えずに自然なままの行動を観察するので，自然観察とよばれます。

　一方，観察者が条件を設定し，その条件下でどういった運転行動や歩行行動が生じるかを観察する実験的観察も交通心理学ではよく行われます。たとえば自動車教習所のコースや路上に設定したコースを被験者のドライバーに走行させて，初心運転者や高齢運転者の運転の特徴を調べる研究があります。ただし，運転行動が速度や車間距離といった車両挙動であったり，あるいは視線や血圧といった機器で測定されたりする場合には，条件設定が厳密でなくても，観察でなく走行実験とよばれています。

　交通心理学に特有な観察技法に同乗観察法があります。これは運転者の行動を，助手席に同乗した教習所指導員などの専門家が観察するものです。この方法は運転免許取得時の技能試験のスタイルを研究に応用したものです。したがって運転行動の中でも交通ルールを守った運転であるかという視点からの研究には最適です。しかし，他の車や歩行者との遭遇時に安全かつスムーズな運転をするといった複雑な運転課題などを評価する際には，あらかじめ明確な評価基準を用意し，それを評価できる同乗観察者を選んでおく必要があります。

3．質問紙調査

技能とともに運転行動に強く影響する態度とその背景にある性格，通常運転時と事故時の感情や認知など，ドライバーに聞かなければわからないことはたくさんあります。そのため交通心理学でも他の心理学と同様に，質問紙調査がよく用いられます。

態度の中でもその中心は安全運転を志向した態度を有しているかを調べる安全運転態度で，国の内外で多くの態度検査が作成されています。性格も事故傾性をもつ事故多発者の特性の候補として，古くから研究されてきました。

運転時の感情では不安と怒りが比較的よく研究され，運転者ストレス・インベントリー（DSI; Matthews et al., 1997）や運転怒り尺度（DAS; Deffenbacher et al., 1994）などが開発されてきました。

質問紙調査の最近のトピックスには，運転者が自分の運転を上手だと思っているか，安全だと思っているかなどを調べる運転者の自己評価があり，若者や高齢者の自信過剰傾向を調べる尺度として，用いられています。

4．面接調査

事故や多数の違反を起こした運転者に対して面接調査が実施されることがあります。これには交通心理学の研究として実施される場合と業務として実施される場合があります。研究として行われる場合には，事故の背景や事故時の心理と行動を調査することが多く，業務としての場合には事故を起こした運転者の教育指導が目的となります。

問題運転者への公的な教育指導には，警察で実施される適性相談や運転免許停止処分者講習と国土交通省が所管する職業運転者に対する適性診断があります。また，損害保険会社のリスクマネージャーが契約会社の運転者と面接をしたり，自動車教習所指導員が講習で運転者と面接をしたりします。こうした教育指導場面では，運転上の短所を指摘する面接が従来から行われてきましたが，最近では「傾聴，質問，承認」のスキルを要するコーチング技法を適用した面接が導入されるようになってきました。

5. 検査

　交通心理学では質問紙を用いた性格検査や態度検査や感情検査の他に，機器やコンピュータを用いた検査が実施されてきました。その代表が運転適性検査です。運転適性検査では選択的注意や配分的注意，知覚と動作の協応，動作の正確性と速さなどが各種検査を使って調べられます。運転適性検査は本来，まだ運転していない人に対して将来運転に向いているか不向きかを予測するための検査ですが，現在では事故や違反を起こした運転者や70歳以上の運転者に対して教育目的で検査されています。安全運転に必要な情報処理能力の不足を見つけ，それを自覚させるためです。

　最近になって開発された運転能力を調べる検査には，車や信号機などの危険対象物（ハザード）の発見といった危険予測能力を調べるハザード知覚検査や高齢運転者の事故危険性を予測するといわれる有効視野検査（UFOV）があります。

　実際の運転をそばで見て，運転技能や安全運転度を調べるという同乗観察に代わる試みは，ドライビング・レコーダーの技術が進展してきて，実用化が一部されていますが，まだ完成しているとはいえません。

6. データ解析

　データ解析は心理学研究に必要なデータの収集方法ではなく，収集されたデータの分析方法である点で，上記の研究法とは異なります。交通心理学の代表的なデータ解析は，交通事故に関わる各種データが集められたデータベース内のデータを用いた分析です。つまり，研究データをデータベースから集め，それを統計分析するという研究法です。この方法による交通事故統計分析は，交通心理学や交通工学では事故研究の基本となっています。

　事故統計データを大きく分けると，事故が発生した日時や道路や事故のタイプといった事故と環境に関する項目，運転者や歩行者に関する人の項目，事故を起こした車に関する項目に分けられます（松浦, 2014）。このうち交通心理学では特に人に関する項目に着目して，事故の人間要因を考えます。

今後，車の自動運転技術が進展すると，ビッグデータといわれるほどの運転時の画像や位置情報の膨大なデータが収集されます。このデータは交通心理学でも貴重なものとなるはずですが，何を目的として，どんなデータをどう集約して解析するかといった視点を定める必要があります。

7．効果評価

　この方法はデータの収集方法というより，事故防止対策の効果測定という研究目的を達成するための技法です。交通心理学の実践研究やアクション・リサーチ（現場の問題を発見し，それを解決するためにアクションを起こし，事後にそれを評価する研究）では，対策によって効果がみられたかどうかの研究が実施されます。そういった研究では対策実施群と未実施群の比較による効果測定が行われます。もちろん対策の評価には効果があったか以外に費用や実施の容易さなどの評価も含まれますが，基本は効果測定による対策効果の確認です。

　効果測定で重要なことの1つは，何をもって対策の効果があったかを調べる指標を適切に選択することです。理想的な指標は事故件数ですが，人身事故や物損事故を起こす人は1年間にせいぜい5％しかいません。したがって，被験者の人数を何百人，何千人にしないと統計的に有意な効果が得られません。しかも，効果があったかどうか確かめられるのはずっと先になります。そのため教育プログラムなどの効果測定をする場合には，指標をプログラムで扱った運転行動とし，その運転行動をプログラム実施の前後に測定して，実施群のほうが運転行動に改善がみられたかどうかを調べる方法がよくとられます。

第 2 章

交通事故はなぜ起きるか

1 節　交通事故の原因

1．交通事故とは

　日本では年間に 50 万件以上の交通事故が発生しています。事故はふつう車同士か車と人との衝突で発生するので，事故に関わった人はざっと 100 万人です。日本の人口は約 1 億 2 千万人ですから，毎年 120 人に 1 人が事故の加害者や被害者になるわけです。

　交通事故は「一般交通の用に供する道路や場所で，車両，路面電車および列車の交通によって起こされた人の死亡または負傷を伴う事故」と交通事故統計では定義されています。人身事故の 4 倍は発生しているという，車が物にぶつかった物損事故は，上にあげた事故（これを人身事故という）には含まれていません。

　車のみの関与か歩行者も関与しているか，車のみの場合は関与した車が 1 台か 2 台以上か，2 台以上の場合は主たる 2 台の車の相対的な動きはどうかによって，交通事故のタイプは分類されます。一番多いタイプは車両相互が衝突した追突事故と出合頭事故で，この 2 つで事故全体の 6 割を占めます（交通事故総合分析センター，2016）。追突事故とは前に停止あるいは走行している車に後ろから来た車が衝突する事故で，出合頭事故は交差点などで相交わる方向から進行してきた車同士が衝突する事故です。免許を持たない人にとっては歩行者事故

の多さが気にかかるでしょうが，その割合は1割と少ないのです。

2．交通事故原因の考え方

交通事故の原因というと「スピードの出しすぎ」「飲酒運転」「認知症」「路面の凍結」などと一言でニュースでは報道されることが多いようです。しかし，実際はもっと複雑で，意外な出来事が事故の原因になることもあります。事故原因の特定のために，複雑な事故の原因をできるだけ単純に，しかし大切な点はもれなく説明しようと，多くの事故原因モデルが考えられてきました。そういったモデルを集約すると次のようになります。

①ある出来事が原因となってある結果を生じ，その結果（＝出来事）が次の結果を生じさせるというように事故につながる因果の連鎖があり，最後の出来事が事故を生じさせた原因となる。
②主な原因は人間，環境，車に分類される。
③原因の中では人間要因が最も多く，その直接的原因は人間のエラーや違反である。
④原因は通常複数あり，それらは互いに影響しあっている。
⑤バス・トラック等の職業ドライバーの事故の場合には，上記の考え方に加えて，システムの中にある潜在的な危険状況と各システム内の人間の不安全行為とが影響しあって事故が生じると考える。

3．因果の連鎖

事故原因の考え方の1つである因果の連鎖についてもう少し詳しくみてみましょう。図2-1は事故につながる原因結果の連鎖の例です（Fell, 1976; 松浦，2014）。人間の要因についてみると，事故の直接

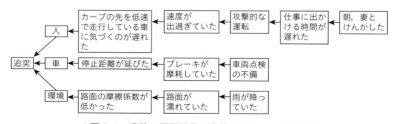

▲図2-1　事故の原因結果の連鎖（Fell, 1976を改変）

的原因は「カーブの先を低速で走行している車に気づくのが遅れた」でしたが，その結果をもたらした原因は「速度が出過ぎていた」からというように，事故からさかのぼって原因を追究していくと，最初の原因として「朝，妻とけんかした」があったという例です。事故の原因となった最終結果をもたらした背景には4つの原因がありましたが，このいずれかがなかったら事故は起きなかっただろうとここでは考えます。これはハインリッヒのドミノ理論（Heinrich, 1931）に代表される事故連鎖モデルの考え方です。この連鎖は環境要因や車両要因にも適用され，事故へとつながっていきます。

(1) 事故原因としての人間，環境，車

交通事故の主な事故原因は人間，環境，車に分類されると述べましたが，医療，労働，電力など他の事故分野では，この3つを含めた5つのMが事故やヒューマンエラーの原因と考えられています。5つのMとは，Man（人間），Machine（機械），Media（環境），Management（管理），Mission（任務）です。

Man（人間）は，人の心理的・身体的な状況や技能・知識などであり，人間関係も含まれます。交通事故では，運転者や歩行者の性格などの心理特性，事故時の心理状態・生理状態，心身の機能，運転経験，同乗者や他の車の運転者との関係などです。

Machine（機械）は，作業をする人が用いる設備，機械，道具で，その性能，老朽度，故障しやすさ，整備状況，使いやすさ，見やすさ，装置の配置などです。交通事故では，エンジンやブレーキやタイヤなどの車両性能，老朽度，故障しやすさ，整備状況の他に，車内装置の装備や装置間の配置や各装置の使いやすさや見やすさ，荷物の状態が含まれます。

Media（環境）は，自然環境と人為的環境からなります。自然環境は天候や温度や視界や地形などで，人為的環境は作業をしている場所を取り巻く照明・騒音などの環境や作業方法を示す標識や表示を含みます。交通事故では，①天候や視界といった自然環境，②道路の舗装状況・凹凸や水溜りや凍結などの道路状態・幅員・車線数・道路形状といった道路環境，③信号や道路標識やマーキングや照明や歩道などの交通安全施設，車や自転車や歩行者など交通参加者の種類と量，視

界の妨げになる木々や看板やネオンなどの交通環境があります。

　Management（管理）は，作業を命令する会社などの組織が制定した作業に関わる制度や規定や計画，機械や生産物などの管理，作業者に対する訓練や体調等の管理や指示です。交通事故の場合には，バスやトラックなどの職業運転者が事故を起こしたり，配達や営業などの業務をしている際に事故が起きたりすると，会社の安全運転に関わる管理体制が問われることがあります。そのため一定台数以上の事業用自動車や自家用自動車を保有している事業者には，それぞれ運行管理者や安全運転管理者を置いて，車両や運行や運転者の管理をするよう法律で定められています。

　Mission（任務）は，作業や仕事の内容や目的です。困難な仕事やあいまいな仕事の場合には失敗や事故につながります。交通事故では，定められた時間に目的地に着かなければならない運転や悪天候下での業務運転などが該当します。

　以上の5Mの考え方は，アメリカの国家交通安全委員会（NTSB）が1960年代に考案したもので，現在では各国でさまざまな分野の事故原因や対策を考える場合に適用されています。ただし，交通事故の場合は人間，車，環境の3Mが主に検討されることが多く，主要国の交通事故統計でもこの3つが事故原因の調査項目となっています。

(2) 事故の直接原因と間接原因

　事故の原因結果の連鎖の最後に来るものが事故でした。しかし，このような説明からだけでは事故原因を詳細に説明できません。そこで事故原因の多くを占める人間に関わる事故原因を直接原因と間接原因に分ける試みがなされました。その代表がアメリカのインディアナ大学の交通事故原因の3段階調査研究です（Shinar, 2007; Treat et al., 1979）。これは対象地区の警察による通常の事故調査，現場に臨場した事故チームの調査，多領域の専門家からなるチームによる徹底調査というように，段階ごとに調査対象を絞ってより精密な調査をしていった研究のことで，2段階と3段階の調査結果をもとに，事故原因の分析と原因究明にあたってのモデルが作成されました。

　この研究では事故の人間要因における直接要因を「衝突を不可避とした責任がある，衝突直前に生じた行為や不行為（行為をしなかった

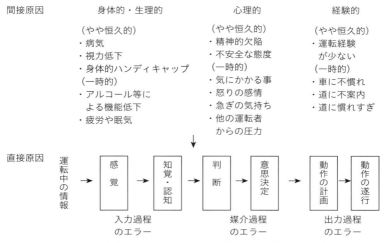

▲図 2-2　事故の人間要因における間接原因と直接原因の関係
（Lee & Fell, 1988 を改変）

こと）」とし，それは交通に関わる情報の「知覚，理解，決定，行為」という情報処理過程の中のエラーとして現れると考えました。また，間接要因を「直接原因となった行為や不行為を起こした責任があったかもしれない人間の弱点」あるいは「運転課題を安全に遂行するのに必要な情報処理を行う能力を低下させるような運転者の条件や状態」としました。間接原因と直接原因は，原因—結果の関係にあると考えるのです。

　図 2-2 は，間接原因と直接原因の関係を示したものです。事故統計などで示される事故原因は直接原因の情報処理エラーですが，そのエラーを引き起こした背景にはさまざまな間接原因があります。身体的・生理的な間接原因の中の飲酒や疲労の問題，心理的な間接原因に含まれる性格，態度，ストレスの問題，経験的な間接原因の運転経験や不慣れなどは，交通心理学でよく取り上げられるテーマです（第 3 章参照）。

4．事故原因の実態

（1）事故原因で多いのは人間要因

　人間，環境，車の 3 つの要因の中では運転者や歩行者といった人間に起因する事故が多そうです。これを調べた事故の詳細分析の結果を

第 2 章　交通事故はなぜ起きるか　　17

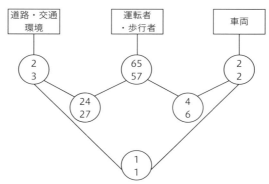

注）上の数字はイギリスの調査，下の数字はアメリカの調査。関与した要因の数は１つか２つが多かったため，３つの要因が関与した事故の割合は図から省略した。

▲図 2-3　人間・環境・車の各要因が関与した事故割合

示したものが図 2-3 です（Sabey & Talor, 1980; Treat et al., 1979）。

　これより事故の 90％以上は人間要因が関与していて一番多く，次いで環境要因が多くなってます。人と環境の２つの要因の関与というのは，路面の凍結などが車の操作を誤らせたとか，駐車車両が視界をさえぎって相手の発見が遅れたといった事故です。車の要因は，装置の不具合で車が回収されるリコール問題が時々マスコミで騒がれる割には少なく，５〜10％にすぎませんでした。車の性能は年々向上し，最近の調査ではその割合はもっと少なくなっています。

　事故原因を調べる方法には上記の詳細分析の他に統計分析があります。世界の主要国の事故統計調査項目をみると，いくつかの国で人間要因と環境要因と車両要因に分けて事故原因が調べられています。その統計分析の結果をみると人間要因の割合は詳細分析の結果よりいっそう高くなります。たとえば日本では運転者や歩行者の法的な過失を明らかにした後に，その当事者の事故原因を調べるという考え方をしています。そのため第一当事者とよばれる最も責任のある人には必ず人に関わる事故原因が付けられます。この人間要因に加えて環境要因や車両要因がある事故の割合は５〜10％にすぎず，そのほとんどは環境要因です（松浦，2014）。

（２）人間要因の直接原因で多いのは注意・認知エラー

　図 2-2 で人間要因に関わる事故の直接原因は，情報処理過程の中の

エラーとして記載されることを述べました。この考え方はアメリカのインディアナチームの事故調査だけでなく，ほとんどの交通事故調査で適用されています。ただし，運転者や歩行者が行う知覚や認知や判断といった情報処理のエラーを具体的にどう表現するかは，国やチームによって少しずつ異なります。また，直接要因の中に飲酒や速度超過などを含めて事故原因としているところも多いのです。

　代表的な事故原因調査の結果をみてみましょう（表2-1）。日本とイギリスの結果は警察が調べた事故統計による原因調査結果で，アメリカの結果は専門家チームの詳細分析によるものです。どの調査でも注意や認知に関するエラーが半数以上を占め最も多くなっています。日本の事故統計では入力過程のエラーを発見の遅れとし，それを前方不注意（内在的なもの〔漫然〕，外在的なもの〔脇見〕に中分類）と安全不確認に分けています。この発見の遅れを原因とする事故が75％を占めています（松浦，2014）。イギリスの事故統計は，人間要因や環境要因や車両要因の中から最大6個の原因項目を選ぶ方式です（Department for Transport, 2011, 2015）。その中で「不適切な注視」という原因項目が46％を占めていました。アメリカでも同様に，日本の脇見と漫然に相当する「不注意」と安全不確認に相当する「不適切な注視」が事故原因の上位を占めましたが，飲酒運転が多いのが特徴です（Hendricks et al., 1999）。

▼表2-1　代表的な事故原因（運転者要因）（松浦，2014; Department for Transport, 2015; Hendricks et al., 1999）

事故原因順位	国名					
	日本		イギリス		アメリカ	
	原因	割合%	原因	割合%	原因	割合%
1位	安全不確認	46%	不適切注視	46%	不注意	23%
2位	脇見	19%	進路や速度の見誤り	24%	速度不適	19%
3位	動静不注視	13%	不注意，無謀，急ぎ	18%	飲酒運転	18%
4位	漫然	10%	操作不適	16%	不適切注視	9%
5位	操作不適	8%	制御不能	13%	距離や速度の見誤り	6%

注）日本の事故は2012年中の全交通事故の運転者要因に関する統計分析，イギリスの事故は2014年中の全交通事故の統計分析，アメリカの事故は1996-1997年に発生した723件の重大事故の詳細分析の結果。

2節　事故分析：事故をどう調べるか

1．事故調査の方法

　交通事故データは警察による調査データと交通事故調査機関による詳細調査データに大別されます。事故分析の目的は，事故の発生動向を把握し，事故対策を立案すると同時に，対策を評価することですが，事故の責任の所在を明らかにする目的でも行われます。事故分析は，方法により統計分析と事例分析，マクロ分析とミクロ分析などとよばれています。従来は，統計的な分析を行うのは交通統計データをもとにしたものが主でしたが，最近は事故発生過程を調査した詳細分析もさまざまな手法を用いて統計的な分析が行われています。

　道路交通では毎年50万件程度の死傷事故が発生していますが，事故の発生経緯や原因がどのように調査され，分析され，対策に活かされているかといったことはあまり知られていません。本節では交通事故の調査の概要，分析の事例について述べることとします。

（1）警察による調査

　交通事故が発生すると，警察官が現場に来て事故処理を行いながらさまざまな調査を行います。さらに，事故関係者をともない実況見分を実施すると同時に警察署で供述調書や実況見分調書の作成を行います。また，後述する交通事故統計原票に道路環境的原因，車両の原因，自転車の整備・装置不良，運転者的原因，自転車・歩行者的原因などの項目が記載されます。

（2）交通事故総合分析センターによる調査

　公益財団法人 交通事故総合分析センターは1992年に設立され，つくば地区と東京地区で年間300程度の現場調査を行っています。自動車工学や交通工学の専門家から構成された事故調査員が常時待機し，警察からの連絡を受けて出動し，現場調査および病院，消防などの関連機関の協力のもと，人的要因，傷害程度，車両，道路環境の調査を行っています。また，社会的に問題となるような重大事故の際にも出動しています。

(3) その他

　国土交通省では事業用自動車の事故に関して調査票による報告を義務づけ，発生状況や原因を集計して毎年報告しています。また，日本損害保険料率算出機構が自賠責保険（共済）の損害調査として事故を調査しています。

2．事故統計データの種類

　交通事故データは主に事故発生件数を集計した交通統計データと交通事故調査機関による詳細調査データに大別されます。交通統計データは，全国，都道府県，業種などに分かれて，関係箇所から毎年報告されており，事故の発生動向を把握し，総合的な事故対策を立案する際に用いられています。代表的なものに警察庁の「交通統計」と国土交通省の「自動車運送事業用自動車事故統計年報」があります。また，日本損害保険協会は，事故の人的および物的損害の観点から交通事故データをまとめています。

　一方，詳細調査データは（公財）交通事故総合分析センターで行っている事故調査が代表的なものであり，専門的な調査員が収集した調査データから事故原因を推定し，事故類型と人的要因や車両要因などを検討するために用いられています。個人情報保護の観点からデータの閲覧には制限がありますが，一定の条件の下で可能です。また，分析結果が随時公表されています。

3．事故調査の項目

(1) 警察による調査

　警察庁が行っている事故調査では，最終的に交通事故統計原票に事故発生環境（発生日時，路線コード，道路形状，信号機種類，道路線形，車道幅員など），事故類型（人対車両，車両相互，車両単独など）および事故関連者の性別，年齢，職業，事故車種の運転免許経過年数，当事者種別（普通乗用車，大型貨物車，自動二輪車，自転車，歩行者など），通行目的（通勤，通学，通院，帰省など），危険認知速度，飲酒運転の有無，自体防護（シートベルト，ヘルメット），人身損傷程度（死亡，重傷，軽傷など），車両損壊程度（大破，損壊なしなど）等，該当項目を入力します。

特に，本稿に関連する運転者的原因に関しては，発見の遅れ（居眠り，ぼんやりしていた，考えごとをしていた，雑談をしていた，脇見をしていた，物を落とした，道（家）を探していた，テレビやナビを操作していた，安全確認が不十分だったなど），判断の誤り（速度感覚を誤った，車幅感覚を誤った，事故を避けることができると思った，危険でないと思った，相手がルールを守ると思った，譲ってくれると思った，止まると思った，他の事故を（危険）避けようと思ったなど），操作上の誤り（ブレーキとアクセルの踏み違え，ブレーキの踏みが弱かった，急ブレーキ，急ハンドル，エンジンブレーキを利用しない）などをコード化して入力します。また，自転車・歩行者的原因も運転者的原因と同様なもの以外として，保護者の不注意や健康不良などが調査されています。

調査項目は交通状況の変化にともない数年おきに改正され，事故発生地点の経度緯度情報などが記載され，より詳細なデータとなっています。

（2）詳細分析での調査項目

詳細分析の調査項目は，車両や道路環境に関しては，車種の多さや車両挙動の複雑さ，多様な道路状態などによりかなり膨大です。もちろん，人的要因に関する項目も多岐にわたります。ここでは，インディアナ大学で行われた研究（Treat et al., 1975）の際に用いられた人的要因の分類方法を取り上げます。この研究では，ある地域での13,568件の警察データ（第一段階），訓練された専門家が現場調査をした2,258件の第二段階，さらに420件のデータを他領域の専門家で詳細に検証する第三段階に分かれています。そのため三段階調査とよばれています。ここで用いられている人的要因の分類では，認知エラー，判断エラーおよび操作エラーの内容を表2-2のように分類しています。エラーの割合は，認知エラーが48.1％，判断エラーが36.0％，操作エラーが7.9％で，認知の誤りが半数近くを占めています。

こうした要因の分類は，それぞれの研究者の興味や立場により多少異なっています。表2-3は，三段階調査の際に，間接要因の分析に採用されている分類です。これらの要因は，スピードの出し過ぎや車間距離の不保持と同様，これのみでは事故につながりません。たとえば，

▼表 2-2　三段階調査における事故の直接的原因の分類
(Treat et al., 1975)

	事故の直接原因
非事故	・自殺 ・故意の事故
重大な非動作	・意識喪失
認知の誤り	認知の遅れ（理由有り） ・不注意 ・内的注意散漫 ・外的注意散漫 ・不適切な注視 認知遅れ（他の理由または理由不明）
意志決定の誤り	・誤判断 ・誤った仮定 ・不適切なマヌーバー ・不適切な運転技術 ・不適切な防衛運転 ・過度のスピード ・異常接近運転 ・不適切なシグナル ・ヘッドライトの操作エラー ・過度のアクセル操作 ・歩行者の飛び出し ・不適切な回避 ・その他
操作（行為）の誤り	・不適切な方向コントロール ・パニック（硬直状態） ・過補償 ・その他

▼表 2-3　三段階調査における事故の間接要因の分類 (Treat et al., 1975)

事故の原因となる人の状態および状況		
身体的・生理的	精神的・情緒的	経験・危険を受ける度合い
アルコールによる機能低下 他の薬物による機能低下 疲労 疾病 身体的ハンディキャップ 視力低下	情緒的混乱 他の運転者からの圧力 急ぎの気持ち 精神的欠陥	運転者の経験の浅さ 車への不慣れ 道路への慣れすぎ 道路不慣れ

　飲酒運転で事故を起こした場合でも，直接原因は，アルコールの影響により運転に必要な機能が低下し，認知，判断あるいは操作を誤ったためと考えられます。

4. 事故統計データの分析

　警察による交通統計には，全国および地域別の交通事故，死亡事故，子どもの事故および高速道路の事故発生状況などが記載されています。また，類型，時間帯，年齢，性別，地点，当事者別なども細かく集計されています。しかし，こうしたデータを用いる場合，注意しなければならない点があります。たとえば，年齢層別の事故発生件数は，若年層のほうが多いのですが，当然若年層は運転経験が少なく，運転に不慣れであるという背景があり，運転経験を考慮した分析をしないと誤った解釈をすることになります。また，車種ごとの被害度を検討する場合なども，一件あたりの傷害者数は，乗員数の多いバスが最多となります。これをもって，バスが最も危険な乗り物とはいえません。

　統計データの分析は，事故件数，事故率を中心として，さまざまな手法が講じられています。最も一般的なのは年ごとの事故件数を比較して推移をみたり，事故類型ごとに件数を比較するといった方法です。また，比較条件を統制するために車両台数や人口当たりの事故率を比較することも行われています。

　ここ10年間で交通事故の死亡者は40パーセント程度減少し，2015年では4,117人となっています。これを人口10万人当たりでみると，死者数は4.5人で欧米先進国（ドイツ5.1人，イギリス3.6人，アメリカ11.0人など）と肩を並べる水準であり，交通事故による人口当たりの死者数はかなり少ないことがわかります。ただ，この指標の場合，免許人口が少なかったり，自動車の保有台数が少ない国は数値が低くなるのではとの疑問が湧きます。

　そこで考え出された指標が交通への暴露度を示す走行台キロ当たりの事故件数であり，以下の式で表されます。

　　　死傷事故率＝死傷事故件数(件)／自動車走行台キロ(億台キロ)

　自動車1億台キロ（1万台の自動車が1万キロ走行した場合に相当）当たりの事故件数を見てみますと，定義や算出方法が少し異なるものの，フランス11件，イギリス30件，アメリカ35件に対し，日本は91件と先進諸国よりも非常に件数が多くなっています（総務省

統計局，2016）。死傷事故率は，道路を走行する際の事故に遭う確率を表していますが，日本の交通形態は短い距離での運行が多いことや，渋滞が多いなどの条件に影響を受けている可能性があり，短い運行距離で事故に遭遇しているといえるかもしれません。

しかし，この指標では多種多様な運転者グループのデータが反映されていません。そのため，事故当事者率を準道路交通暴露率と相対事故率から求めて，運転者グループの特徴を求める方法が提案されています（交通事故分析センター，2015；詳細は現場の声3を参照）。

5．事例データの分析

事故要因の大部分を占めているのは人的な要因であると指摘されていますが，事例分析を行う際，車両や環境要因の分析とは異なり，人的要因の分析は運転者の供述の聴取が不可能であったり，信憑性に欠けていたり，要因が複雑に関係しあっているなど，信頼性の高い分析を行うのが困難な場合があります。また，現象も短時間の間に発生するため，プラントや航空機などで事故分析に用いられているFTA（Fault Tree Analysis，欠陥樹形図）やETA（Event Tree Analysis）といったシステム的な分析を適用するのは難しい面があります。

（1）定性的事例分析

バリエーションツリーはルプラとラスムッセン（Leplat & Rasmussen, 1987）によりその骨格が提案された事故の分析手法です。彼らは，牽引トラックの模擬的事故をモデルとし，事故に至る経緯を普段の事象とは異なる場合を取り出して記述することで表現しています。普段と異なる事象を変動要因（ノード）とよび，基本的にはこの変動要因のみを記述していきます。そして，どの変動要因を排除すれば事故を防止できたかを検討します。

バリエーションツリーは対策指向型の事故分析手法といわれており，FTAを基本としていますが，事後の分析が主体であり，OR（論理和）ゲートはできるだけ用いず，AND（論理積）ゲートのみで作成されています。したがって，FTAが推定要因もすべて分析対象としているのに対し，バリエーションツリーは確定事実のみを対象としているところが特徴です。また，FTAでは導入することができなかった時間の流

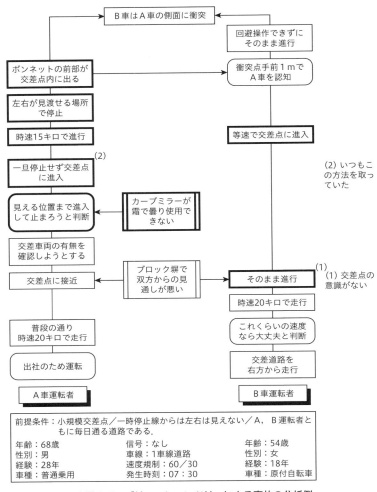

▲図 2-4 バリエーションツリーによる事故の分析例

れを入れ，事故や不具合事象の発生経緯を図 2-4 に示すように図示することが可能です（石田，1999）。また，無信号交差点事故をバリエーションツリーにより分析し，無信号交差点の通過行動をパターン化した研究などがあります（神田・石田，2001）。

（2）定量的分析

事例分析から，一定の事例の特徴を導いたり，統計データからある

運転者グループの特徴を指摘する分析法があります。

　野間ら（1980）は，年齢をもとに若年層と中年層の事故パターンの違いを判別しています。30件の信号交差点における死亡事故データを対象に，第1原因者の年齢と関係のありそうな要因として，①時刻，②超過速度，③進行方向，④信号無視，⑤車種，⑥飲酒，⑦第2原因者の車種，⑧第2原因者の過失，⑨第2原因者の年齢を取り上げ，数量化理論Ⅱ類でグループ分けしたところ，22歳と23歳で事故の特徴が異なり，若年層の事故パターンはほとんど避けられる失敗に基づくものですが，中年層のはほとんど避けられない事故であることを明らかにしています。

　また，石田（1992）は，事業用貨物自動車の追突事故（50件）および対歩行者事故・自転車事故（50件）について，事故地点の道路環境調査と事故ドライバーとの面接調査を行い，そのデータから各事故類型の特徴を数量化Ⅲ類で抽出し，さらに特徴比較を数量化理論Ⅱ類で行っています。結果として，追突事故と対歩行者・自転車事故は，認知の誤りの種類（わき見―不適切な注視），環境（天候―視野妨害），時間帯（夜間―昼間），走行距離（長―短），および間接要因（過労）などが両類型間を弁別する代表的な要因と指摘しています。また，追突事故は違反歴の多いドライバーが多く起こしているのに対し，対歩行者・自転車事故は違反歴がないドライバーでも起こすことがあると述べています。

　事例データの分析は，調査員による調査の他，交差点に設置されたカメラに収録された映像データからも行われています。また，現状は参考資料の位置づけですが，ドライブレコーダによる記録も将来的には重要なデータとなると思われます。

現場の声1

損害保険リスクコンサルティング会社の交通事故防止

　株式会社インターリスク総研は，2010年4月1日に三井住友海上保険株式会社，あいおい損害保険株式会社とニッセイ同和損害保険株式会社の経営統合に合わせ，それぞれのリスクコンサルティング会社が合併して設立されました。

　リスク関連事業を営む弊社では，交通リスク分野においてはさまざまな交通安全に関する取り組みを推進しています。特に，自動車を多数使用している企業向けに交通安全セミナーやコンサルティングを広範囲に行っております。小職は，管理者に対するセミナーを中心に，年間約200件のセミナー・コンサルティングを実施しています。

　企業における交通安全の取り組みでは，経営者，管理者，運転者が一体となる体制づくりが大切です。運転者を直接指導・管理する立場の管理者は，経営者の承認・指示を得たうえで，交通安全と取り組むのです。

　企業における事故発生の要因としては，交通安全の取り組み対策を管理者が運転者に浸透できていないケースやいろいろな取り組みを実施しているにもかかわらず効果がみられないケースがあります。こうしたケースに対応するために，交通心理学に基づいた管理者セミナーを積極的に提案・実施しています。

　管理者の中には事故防止のために注意喚起に偏った指導や厳しい指示を行い，運転者からはまったく理解を得られずに，事故減少がみられないケースもありました。しかし，運転における「見る」ことの重要性や「注意」の方法を理解することなど交通心理学の知見から事故要因等を説明することで，安全運転行動への道筋を管理者が理解して，運転者の指導・教育に大いに生かすことができるようになったケースが少なくありません。

　実際，追突事故を多発していたある企業では，追突事故の発生原因であった前方不確認を管理者が把握し，対策として具体的な車間距離保持の指導を継続指導することにより，追突事故を四分の一に減少させたことがありました。また，駐車場内の事故が多い企業において，管理者が運転者の後方不確認が事故要因と把握して，後退時の目視確認方法を策定し，それを徹底したことで大幅な事故削減につながったケースがありました。

　筆者が実施する管理者セミナーの内容はさまざまですが，交通事故状況，安全運転の取り組み状況，運転者のプロフィールなどの実施先の企業情報を受けて，実施先企業の実態に合わせて，コミュニケーションの活性化による人間関係の構築や PDCA（計画→実行→評価→改善）にそった指導方法などを説明しています。その際には，過去に参加した「日本交通心理学会大

会」や「交通心理士会大会」の研究発表や研究者・専門家から得た知識・ノウハウが大いに役立っています。

　最近は，高齢ドライバーの増加により，彼らに対する指導・教育法を求められることが多くなってきているため，加齢に伴う運転上のリスクと指導法を説明する管理者セミナーが増えてきました。こうしたセミナーを実施するうえでは，日本交通心理学会における高齢者や高齢ドライバーの研究発表等が大変役に立っています。

　また，管理者セミナーとして，事故発生者に対する指導・教育法を要請されるケースも増加しており，そこではコーチングを中心とした指導・教育法を説明しています。こうした研修を受けた管理者がコーチングをもとにした指導教育を実施した結果，事故発生者の改善に効果が出てきています。このセミナーでも，日本交通心理学会等の各種研修会にて習得したノウハウ・スキルが大いに役に立っています。

　今後さらなる自己研鑽に努め，企業等の交通事故防止のために，日常の業務の中で管理者が効果的・効率的な指導・教育できるようになるために，大いに貢献できるセミナーやコンサルティングを続けていきたいと考えております。

管理者セミナー

交通事故の工学的な再現（鑑定）と裁判

現場の声 2

● はじめに

　警察が実施する交通事故捜査，すなわち実況見分の結果は，実況見分調書として事故の責任を追及するための裁判資料として活用されます。しかしながら，実況見分調書（事故現場の調査記録，事故車の破損状況の調査記録および関係者の指示説明）のみによって，必ずしも事故原因が解明されるとは限りません。裁判においては，事故を工学的に詳細に解明する必要があり，鑑定人に事故を工学的に解明させる場合も少なくありません。

　刑事訴訟法第165条には「裁判所は，学識経験のある者に鑑定を命ずることができる」とあり，この「鑑定」とは「裁判所が裁判上必要な実験則等に関する知識経験の不足を補給する目的で，その指示する事項につき第三者をして新たに調査を実施させて，法則そのものまたはこれを適用して得た具体的事実判断等を報告させる」（最判昭和28・2・19刑集7(2)，p.303）ものとされています。

　つまり，事故の双方の当事者の異なる認識や意見について，裁判官が事実認定を行い，何が起こったかを判断することになります。

　裁判に活用される交通事故の工学的な再現（鑑定）は，1つひとつの交通事故を詳細に再現していますが，その結果が交通安全に利用されることはほとんどありません。それは，鑑定は主として「何が起こったか」を明らかにするものであり，「なぜ起こったか」というアプローチはほとんどなされないためです。しかしながら，詳細に明らかにされた事故再現の結果（何が起こったか）に，交通心理学的な知見を導入することによって，「なぜ起こったか」を考えることが可能になると考えられます。

● 交通事故鑑定の実際：何が起こったか？

　事故鑑定（再現）とは，「衝突直前→衝突中→衝突後」の過程において力学・物理学をツールとして，①事故車の破損状況から衝突形態を推定し，②その衝突形態を合理的に説明できる衝突直前の車両の進行方向，走行速度，ブレーキ状況，ハンドル操作等の事故発生のメカニズムを時間的な経過として解明する科学的な手法のことです。数百ミリ秒間に完結する極めて瞬間的な現象の解明であり，事故当事者の証言や意見はほとんど参考になりません。したがって，事故車の破損状況，路面痕跡，事故車の停止状況などの物的な事実に基づき，専門的に客観的かつ合理的な事故再現を行うことになります。すなわち，事故車の破損状況から衝突状況，また路面痕跡から衝突地点（⊗），

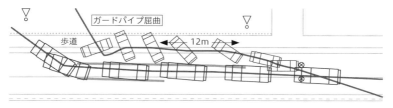

センターライン・オーバー事故における事故再現例

衝突後の挙動を推定し，シミュレーション手法などを活用し，たとえば上の図に示すように事故状況を再現することになります。

● 事故再現に基づく交通安全：なぜ事故は起こったか？

　実際にセンターライン・オーバー事故例を題材として，事故の再現結果（何が起こったか？）に基づいて，交通心理学的な視点から「なぜ事故は起こったか？」について考えてみます。

　これは，一級河川に沿った県道（片側1車線，幅員3ｍ）において，普通乗用車（Ａ車）と軽乗用車（Ｂ車）が正面衝突した事故の例です。センターラインをオーバーしたのはＢ車（運転者：死亡）で，事故現場はＢ車から見ると，左カーブから直線道路（約150ｍ），さらに右カーブへと続くという道路環境です（写真左）。なお，裁判では，Ａ車のセンターライン・オーバーについては争いはありませんでしたが，Ｂ車側は「センターライン・オーバーの直接原因は，Ａ車が先行していた普通乗用車（Ｃ車）を反対車線にはみ出して追い越そうとしたことである。Ｂ車は衝突を避けるため敢えて反対車線にはみ出しところに，Ａ車が自車線に戻り，正面衝突したものである」と主張しました。

　刑事裁判では，Ｂ車がセンターラインを超えて反対車線へ跳び込んだとして，Ｂ車運転者の過失を認める判決が下り結審しました。その後，民事裁判として，Ａ車側が先の刑事裁判の判決に基づき「Ｂ車に過失あり」とし，私的な工学鑑定書を添付し，車両の損害賠償を求めて地裁に提訴したのです。

軽乗用車の進行方向

普通乗用車の進行方向

事故現場の道路状況

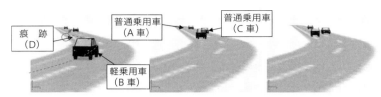

シミュレーション手法による事故車の再現結果

　これに対してＢ車側は「Ｂ車がセンターラインを超えた原因は，Ａ車が先行車両を追い抜くために反対車線にはみ出したことに対する衝突回避行為である」として，私的な工学鑑定書を提出して争いました。地裁は，両鑑定がまったく異なる解析結果であることから，筆者に公的鑑定を命じました。事実関係を精査し，工学的な手法により再現した公的な鑑定の結果は，「Ｂ車が左カーブを超えた地点で，急激に左側の土手方向に寄り（上図の痕跡Ｄ），そこから急激に右方向に進行し，反対線へ飛び出しＡ車に正面衝突したものであり，Ａ車が反対車線を走行したことを立証する根拠はない」というものでした。
　地裁は，この鑑定結果を採用し，Ｂ車に過失ありと判決し結審しました。Ｂ車側はこれを不服として高裁へ控訴しましたが，地裁の判決が支持され，さらに，最高裁への上告も却下され結審しました。

● 交通心理学的な視点が示唆する事故原因：なぜ事故は起こったのか？
　工学的な手法による再現結果は，「Ｂ車が左カーブで左に急ハンドルを切ったため土手に衝突しそうになり，これを避けるため急な右ハンドルを切って反対車線へ飛び出した」というものでした。なぜ，左カーブで急な左ハンドルを切ったのでしょうか？　再現状況に，道路環境，Ａ車に先行していたＣ車の運転者の証言などを総合すると，Ｂ車が左カーブにおいて少し高めの速度でセンターラインぎりぎりを走行していたところ，反対車線にＣ車が接近していたため，運転者は衝突の危険を感じ，咄嗟に左方向へのハンドル操作を行ったものと推定されました。この恐れが事故の根本的な原因となったと考えられます。
　このような事故状況の再現から，有益な安全対策を得るためには，「事故がなぜ起こるか」について，道路環境と走行状況における速度選択，さらに運転者の状況判断の誤りの原因，たとえば「差し迫った危険への恐れ」なども考えた総合的な検討が求められるでしょう。

交通違反と交通事故

現場の声 3

　道路交通にともなって発生する交通事故にはさまざまな要因が関係しており，中でも運転者や歩行者等の人に関わる要因の占める割合は高く，交通事故にもそれらが反映されています。警察庁が全国で発生した人身交通事故を対象に収集している交通事故統計データを分析すると，事故の特徴だけでなく，事故に関与した人の心理や行動に関連した特性を把握することも可能です。たとえば，事故の発生時間帯に着目すると加齢にともなう視力の1つであるコントラスト感度の低下と事故率の上昇の関係を議論することが可能となりますし，通行目的に着目した分析からは交通手段の選択等の交通行動特性に関する資料を得ることも可能です。その中で，筆者がこの10年間積極的に行っているのが，安全意識，規範意識等を性別や年齢以外の属性によって分類した集団の事故特性に関する研究で，たとえば「交通違反が多い者は事故を起こし易いか」といった課題に関するものです。

　交通事故総合分析センターでは，警察庁から提供された運転者管理データと交通事故統計データを統合した免許・違反事故履歴統合データベースを構築しており，このデータベースを使うとすべての運転者の過去の交通違反検挙回数を集計することができます。左図は，男性運転者を対象に，過去5年間の交通違反検挙回数別に2013年中に事故の原因者（以下，1当）となった運転者の割合を示したものです。検挙回数が多い者ほど1当となる割合が高くなっています。つまり，交通違反検挙回数の多い者はよく事故を起こすと考えられます。

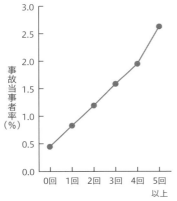

過去5年間の検挙違反回数別
事故当事者率

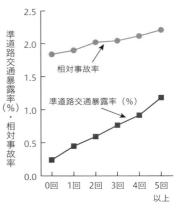

過去5年間の検挙違反回数別
準道路交通暴露率・相対事故率

しかし、「事故を起こし易い」には「事故をよく起こす」という意味だけでなく、「運転頻度（暴露量）当たりの事故率が高い」という意味もあります。そこで、1当となる率（事故当事者率）を、運転頻度（準道路交通暴露率）と運転方法の危険性（相対事故率）の積で表すと、「交通違反検挙回数が多い者が事故をよく起こす」理由には、①運転頻度が高い、②運転方法が危険である、あるいはその両方が考えられます。

$$事故当事者率（\%） ＝ 準道路交通暴露率（\%） \times 相対事故率$$

そして、検挙回数別の準道路交通暴露率と相対事故率を調べると（右図）、検挙回数の増加にともない準道路交通暴露率が上昇（運転頻度が上昇）していますが、相対事故率も徐々に上昇しており、前述の①と②が、「交通違反検挙回数が多い者がよく事故を起こす」理由であることがわかります。

分析センターでは、この外、交通事故統計データに道路交通に関わる登録車両データ、道路交通センサスデータ等のさまざまなデータを統合させたデータベースを構築して、運転者だけでなく車両や道路の属性に着目したさまざまな交通事故分析も行っています（下図）。

たとえば、交通事故・道路統合データベースを用いて、平成24年中の全国の事故多発交差点を、事故類型に着目してクラスター分析したところ、①追突、②追突とその他事故類型、③追突と左折、④追突と右折、⑤左折と追突、⑥右折と左折の6つのクラスターに分類できました。この6タイプの交差点の道路の特徴を調べると、①追突事故の多い交差点では付近に高速道路等との合流部があること、追突と左折事故の多い交差点（クラスター③と⑤）では立体交差点であるところが多いことなどが判明しました。

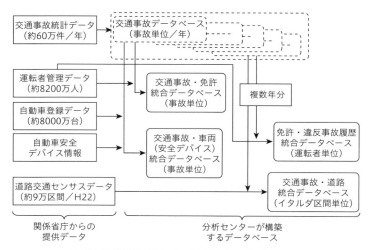

交通事故総合分析センターが管理するデータベース

第3章

事故者の心理特性

活かせる分野

1節　運転適性

1．運転適性とは

(1)「適性」と試験

　運転適性というと，何を思い浮かべるでしょうか。自動車の運転免許を持っている人であれば，運転免許試験を受けたときや運転免許を更新する際の視力検査を，あるいは，運転免許を取るために通った自動車教習所で受けた運転適性検査を思い出すかもしれません。

　運転免許以外でも，適性という言葉は使われますが，"試験"や"検査"という言葉とよく一緒に使われます。特定の職種に就くための資格試験，企業が行う就職試験，あるいは学校の入学前に行われる適性検査があげられます。これらは，ある職業に就くための要件もしくは理解力や思考力の状態を確認するために行われるテストの総称で，誰がどういった目的で実施するのかによって内容や方法はさまざまです。正確に作業をこなせることを重視する職種の候補者を選抜する雇用者は，作業能率や集中力を測定する適性検査の結果を重視するでしょうし，他者と良好な関係を形成できる人を雇いたい雇用主は，人柄を判断するために性格検査を参考にするでしょう。このように，私たちは，入学や就職といった人生の節目で，何らかの形で適性試験（あるいは適性検査）を受ける経験をしています。

（2）合否で表せる運転適性，合否で表しにくい運転適性

　運転適性とは何かという質問に答えるのは，そう簡単ではありません。運転免許試験に合格するためには，学科試験（理論のテスト）と技能試験（実技のテスト）の他，法律で定められた適性試験に合格する必要があります。ここでいう適性試験は，視力や聴力などが一定基準に達しているかを確かめるものです。たとえば，両眼視力は 0.7 以上あることと法律で定められており，0.7 未満であれば運転免許試験に合格しません。これは合否という形で表される形の運転適性です。

　一方，合否という形で判定にくい運転適性もあります。むしろ，合否を判定できない場合のほうが多いのです。そして，合否の形で表せない運転適性こそ，交通心理学の専門家が長年取り組んできた研究上の課題であり，また，実務とも密接に関係しています。

（3）運転適性のさまざまな側面

①**身体面，医学面，心理面の運転適性**　運転適性は，たとえば，身体面，医学面，心理面の3つの要素に分けて考えることができます（図 3-1）。いずれも，安全な運転，すなわち，周囲の状況を把握して的確な判断・操作をするのに欠かせない心身の機能です。身体面の運転適性は，視力や聴力など身体の機能を，医学面の運転適性は，安全な運転に影

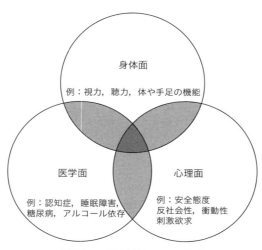

▲図 3-1　運転適性の3つの要素

響する病気や症状がないかを指します。心理面の運転適性とは，慎重かつ他者に思いやりのある運転をしようとする心がけ（安全態度），あるいは，反対に，安全な運転にとって好ましくない心理的特徴（反社会性，衝動性，過度に刺激を求める傾向など）と関係します。

　身体面，医学面，心理面の運転適性は，互いに関連しあい，1つの要素に弱点があっても，他の要素でカバーできることが多いのです。身体に障がいがあっても，それを補う装置を身体や車両につけることで，安全に運転できる場合もあります。病気があっても，薬を飲んで症状を抑えることにより，あるいは事前に運行計画を立てて運転する時間帯やルートを工夫することにより，安全に運転できる場合もあるでしょう。このように，運転適性は多面的であり，単一の基準による合否では表しにくいものなのです。

②**心理面の運転適性の重要性**　身体面や医学面の運転適性に問題がなければ，安全に運転できるかといえば，そうではありません。身体機能が優れており病気もない人であっても，他者に迷惑をかけてもかまわないと考える人がハンドルを握ったらどうなるでしょうか。健康な人であっても，極端な睡眠不足の状態で，もしくは飲酒後に運転したらどうなるでしょうか。危険極わまりないことは明らかです。

　反対に，身体面や医学面の運転適性に弱点があっても，そのことをよく自覚して弱点をカバーするような行動を心がけることこそ，安全な運転のためには重要です。心理面の運転適性は，自分の状態をよく認識してそれに対処できるかということに集約され，心の調整力とでも言い換えられます。交通事故研究の分野においても，身体的あるいは医学的な運転適性よりも，心理面の運転適性は，安全な運転に強く影響すると考えられています（Elvik, 2006）。

2．運転適性研究の歴史

　運転適性の研究は，20世紀の近代社会における産業化の歴史とともに誕生し，組織の労務管理という実務面での必要性を背景に広がりました。知能検査や性格検査などの心理検査が，さまざまな場面で使われるようになった20世紀の歴史とも連動しています。なお，運転適性研究の歴史は，松浦（2000）に詳しく解説されています。

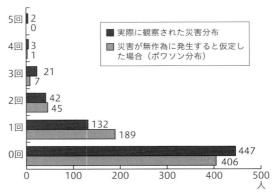

▲図3-2　グリーンウッドとウッズ（1919）による，軍需工場で5週間に発生した災害頻度別にみた労働者数分布（Haight, 2001）

（1）「事故を起こしやすい人」の発見

　事故を起こしやすい人は存在するのでしょうか。この疑問への答えを示そうとした最初の研究者は，グリーンウッドとウッズです。グリーンウッドらは，第一次世界大戦下，英国軍需工場の女性労働者による労働災害の発生頻度を確率論の方法により分析して，1919年に報告書を発表しました（Haight, 2001）。災害発生数の分布をみると，災害はどの労働者にも均一に起こると仮定した場合の理論値とは異なっていました（図3-2）。災害の発生頻度には偏りがあり，一部の少数の労働者が多くの災害を起こしていると報告されました。こうした災害や事故の発生には人間側の要因が影響しており，事故を起こすことと，知能や注意深さなどの心理特性が関係していると考えられました（Froggatt & Smiley, 1964）。

（2）事故傾性の概念

　その後，事故を起こしやすい資質や気質，性格といった心理特性が存在し，それは，その個人に固定的かつ安定したものという考えが広まり，「事故傾性」（accident proneness）とよばれました（Haight, 2001；松浦，2000）。20世紀半ば過ぎまで，知能，精神運動機能，性格を調べることにより，事故の起こしやすさを予測できると考えられました。そして，事故を起こしやすい人の特性を見つけるべく運転適

性検査の開発が盛んに行われました。合否で表される判定基準を設けた検査を使って事故を起こしやすい人を発見し，危険な人を排除できると考えられたのです。こういった研究は，一定期間内に事故を複数回起こした人と無事故であった人の集団を比較して，両群の差を見出す方法により行われました。その結果，動作優位，自制心が低い，刺激欲求が高い，神経質といった特性と事故の発生には有意な相関があることがわかりました。現在でも，こういった心理特性と事故の有無に関連があると考えられています（Sümer, 2003）。しかし，事故の起こしやすさに関連して，検査を使って合否のような基準を設けようとした試みは成功しませんでした。神経質傾向や衝動性などの心理特性は，多かれ少なかれ，どの人ももっている特性であり，ある特性が一定水準以上（あるいは以下）の場合，運転適性が絶対的に欠けていると断定はできないのです。

（3）事故原因に対する理解と認知バイアス

　事故と関係する心理特性は，個人に固定かつ永続的に観測されるわけではなく，年齢や環境により変化します。事故傾性の考え方にとらわれると，運転環境や組織の安全管理体制に不備があってもそのことが追究されず，個人を責めることに終始してしまいます。事故を起こしやすい人がいるという思い込みが，以前は，職場の予防安全や事故防止対策の障壁になっていました（Visser et al., 2007）。20世紀後半以降，事故につながる可能性を減らすためのより現実的な対応策に目が向けられるようになりました。事故につながり得る環境要因や社会的・経済的要因にも目が向けられ，教育的あるいは治療的な働きかけによって変化し得る，可変的あるいは状況依存的な心理特性が注目されるようになったのです。

　また，単一の要因によって事故が起きることはまれで，事故の大半は複数の要因が重なって発生するのであり，事故原因を解明し防止対策を立てる際にはそのことを念頭に置かなければいけません。ところが，私たちには，他者の行為の原因を，その人の性格や能力に見出そうとしたり，もともと信じている情報と同じ種類の情報だけを取り入れ，それ以外の情報を無視する癖があります。こうした注意の向け方と情報処理における癖は，認知バイアスとよばれ，誰しも認知バイア

スと無縁ではありません。事故傾性，すなわち事故を起こしやすい特定の集団の人への興味がなくならない理由の1つかもしれません。

3. 事故防止のための安全教育と人間行動の理解

(1) 不安全行動と事故

　運転エラーや違反行為をしても，毎回，事故に直結するとはかぎりません。言い方を変えると，交通事故はまれにしか発生しませんが，普段の不安全な運転行動が事故に結びつく可能性は大いにあります。事故に結びつきやすい運転行動を不安全行動とよぶならば，不安全行動を予測するような人的要因をいくつかあげることができます（図3-3）。たとえば，ライフスタイル，走行環境，安全態度，心身に作用するアルコールなどの外部要因が，不安全行動や事故に近い要因（近因）であると解釈できます。それに対し，知能，精神運動機能，性格といった特性は，近因を介して間接的に不安全行動に影響する要因（遠因）ととらえることができます（Sümer, 2003）。そして，不安全行動を減らすような教育を行うことが，事故防止につながると考えられます。このような背景もあり，20世紀後半以降には，交通事故だけではなく，運転行動に注目した研究が増えました。

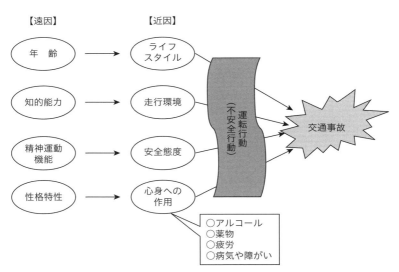

▲図3-3　不安全行動と交通事故の発生に影響する人的要因（Sümer, 2003より作成）

（2）安全教育のツールとしての運転適性検査

日本では，運転適性検査がさまざまな場面で使われており，ドライバーによる自己理解を助けるための安全教育のツールとしても使われています。不安全行動や事故に結びつく可能性がある心理特性を調べて，受検者にフィードバックすることにより，安全志向の考え方をもってもらうことを目指した用法があげられます（藤田・岡村，2016）。

運転適性検査は，その目的に応じて妥当性と信頼性が最良となるように設計されなければいけません。運転適性検査が事故や違反などの問題行動を起こした人への安全教育のために用いられるのであれば，問題行動を予測できるという確認がとれていなければなりません。また，事故の起こしやすさを取り上げるのであれば，事故の起こしやすさと関連している必要があります（吉田，1991；松浦，2000）。しかし，的中率が100％となるような検査は存在しません。この種の診断法では，陽性（要注意）と陰性の結果には，必ずオーバーラップする部分があります。要注意の人をもらさず検知する力と，測定したい要素を的確に検知する力の両面を考慮して最適の基準値を見つけるように設計することが重要です（藤田・岡村，2016）。

（3）車両コントロールからセルフコントロールへ

Hatakka et al（2002）は，ドライバーの行動を4つの階層に分ける概念を示しました。最も基礎的なレベルは，車両の操作ができること，次に，周囲の交通状況を把握できること，続いて，社会的文脈をふまえた運転行動がとれること，そして最後に，より良い人生を送るためのセルフコントロールができることと表現しました。つまり，ハンドルやブレーキ操作といった車両コントロールに終始するのではドライバーの安全教育は不十分であり，自分の弱点や置かれた環境を理解して自分を律するセルフコントロールを最終目標にすべきであるとしました。近年，運転スキルの自己評価に注目した研究が多く行われていますが，不安全行動の抑止と交通事故の予防にとって，正しい自己理解とセルフコントロールが重要であると考えられていることの表れといえます。

現在，完全自動運転を目指して技術革新が進んでいます。仮に完全自動運転が実現したとしても，人間がマシーンの操作を一時的でも任

される余地が残っているかぎり，ドライバーの運転適性への配慮が不要になることはないでしょう。その際も，安全態度や正しい自己理解に基づくセルフコントロールが重要であることに変わりはないのではないでしょうか。

2節　疲労と飲酒

1．疲労

　日本工業規格では，「疲労は精神的又は身体的，局部又は全身の病的ではない過度の負担によって現れる状態であり，休息すれば完全に回復できるもの」と定義されています（JIS Z 8501; 日本工業標準調査会，2007）。この定義のように，疲労は身体的（肉体的）疲労と心理的（精神的）疲労に大別することができます。身体的疲労は，眼がショボショボする，肩がこった，腰が痛いといった身体の各部で感じる疲れです。一方，心理的疲労は，なんとなくダルいといった倦怠感，ケアレスミスが増える注意力低下，根気がなくなりやる気が起きない気力低下，覚醒水準が下がり眠いといった状態を指します。

　疲労は誰もが感じるものですが，発生メカニズムはまだよくわかっていません。今後の研究が待たれているところです。

(1) 運転疲労の原因

　自動車を長時間運転すると疲れや眠気を感じるようになります。運転の何が疲れや眠気を生じさせているのかについて，みていきましょう。

　1つめは，姿勢が変えられないことです。一定の姿勢を取り続けていると血行不良を招き，老廃物を排出する代謝機能が低下します。多少は身体を動かすことはできますが，限界があるので，運転中は疲労が蓄積する一方となります。

　2つめは，さほど筋力を要しない，精神的作業であることです。精神的作業を続けていると，次第に飽きてきて，気力が低下し，遂行成績が落ちてきます。肉体作業であれば自分でこれ以上作業を続けることはできないという限界を感じることができますが，精神的作業の場合は自分では限界を感じにくいためまだ大丈夫だろうと思ってしま

いがちです。休憩を取ればよいのですが，運転のような場合は休憩を取る時間が惜しい気がして，そのまま続けてしまうことも多いのではないかと思います。そもそも休憩を取るという新たな行動を起こす気力が低下しているのかもしれません。

　3つめは，気を抜くことができない連続作業であることです。運転中は常に周囲に気を配り続ける必要があります。心理学ではこういった作業をビジランス作業とよびます。人間は短時間であれば注意を集中させることができますが，注意を集中させることができる時間には限界があり，徐々に注意力が低下してしまいます。注意力が低下すると，歩行者や自転車，他車など注意すべき対象や事象を見落としたり，気がつくのが遅れたりするようになります。

　4つめは，緊張を張り詰めた状態というよりはそれほど緊張していない状態で行う作業であることです。初心運転者は別として，多くの運転者にとって運転は十分に学習された慣熟した技能です。運転自体に注意資源をあまり使わないので，よくないことですが，他のことを考えながらでも，少しぼやっとした状態でも運転ができてしまいます。このため高速道路のような変化があまりない場所を走行していると，単調感や倦怠感が生じてきて，やがて徐々に眠気が強くなってきます。具体的には，あくびが出始め，視線の停留時間が長くなり，目を閉じている時間が増えてきます。特に，深夜から早朝にかけては，生理的に眠くなる時刻であり，運転状況下では眠気を追い払うことが難しく，居眠り運転が発生しやすくなります。

　上記は運転という作業自体がもつ疲労を生む特徴ですが，実際には表3-1が示すように，諸々の要因が運転時の疲労と関係しています。

（2）運転疲労の測定

　疲労の測定方法は，3つのタイプに分けることができます。

①主観評価

　チェックシート等を使って，運転者に疲労具合を評価してもらいます。運転疲労にかぎらず一般的な疲労感の測定には日本産業衛生学会の「自覚症しらべ」，作業負荷の測定には「NASA-TLX（NASA Task Load Index）」，眠気の測定には「KSS（カロリンスカ眠気尺度）」がよく用いられていますが，運転疲労の測定では独自の調査項目が使わ

▼表 3-1　運転疲労と関わりが深い要因（宇留野，1972 より作成）

	運転時	運転時以外
運転者要因	運転方法 時間的切迫感（急ぎ，イライラ） 連続運転時間 体調（前日の睡眠状態を含む）	体力，健康状態 生活習慣 ストレス 年齢，性別 性格
車両要因	振動 騒音 室温，湿度	車種，車格 内装品 キャビン設計
環境要因	交通状況（渋滞，混雑，混合交通） 道路状況（路線線形，路面状況） 天候，時刻	家庭環境 職場環境，業務内容 友人関係

れることもよくあります。

②生理指標

　生理指標としてメジャーな筋電，脳波，心拍に加えて，PERCLOS，フリッカー，唾液中のコルチゾール等が使われています。PERCLOS（Percent of the time eyelids are closed）は，目を閉じている時間の割合を数値化したもので，運転者の疲労度や眠気を測定する指標としてよく用いられています。フリッカーは，点滅している光を見ても点滅していると感じなくなる限界の点滅周期（フリッカー融合周波数）を測定するもので，疲労（特に眼精疲労）にともないフリッカー融合周波数が低下してきます。唾液中のコルチゾールはホルモンの一種で，ストレスに対して一時的に上昇します。

③行動指標

　車両の挙動や運転者の運転行動を計測します。車両の動きに関しては速度や加速度，車間等が，運転者の運転行動についてはペダル操作やステアリング（ハンドル）操作がよく計測されていて，疲労の現れ方が研究されています。最近では，運転者の表情解析の研究も進められています。

（3）疲労が関わる事故

　疲労が関わる事故は少なくないと思われますが，実態が把握できていません。それは，運転者の疲労具合を証明することが難しいことが原因ではないかと思います。その結果，疲労が不安全行動を生み，そ

の不安全行動が事故を引き起こすという事故があったとしても，多くの場合は，疲労が事故の根底にある原因であるということができません。たとえば，疲労が居眠り運転を引き起こし，その結果，崖から転落するという事故があった場合でも，本当に疲労が原因だったのかは容易には明らかにすることはできません。

　道路交通法には過労運転の禁止という条項があり，バスやトラックの運転手が居眠り運転事故を起こしたときには過労運転違反と判断されることがあります。法律では過労運転の具体的な基準が定められていないため，厚生労働省の労働基準を参照して，過重な勤務実態が認められた場合に適用されます。ちなみにトラック運転手に対するある調査では，37％の運転手が年に数回，居眠り運転をしたことがあると回答したことが報告されています（労働安全衛生総合研究所，2007）。一般運転者の場合は，居眠り運転事故を起こしても，過労かどうかはわかりませんので，めったに適用されません。

　また，高速道路の全事故のうち居眠り運転が原因の事故は警察発表では数％にしかすぎませんが，本当は2割近くあるのではないかという推測もあります（高速道路調査会，2015）。すべての居眠り運転事故の原因が疲労とはいえませんが，疲労は居眠り運転だけでなく，いろいろな不安全行動を引き起こすことを考えると，自動車事故において疲労の影響は相当に大きいのではないでしょうか。

2．飲酒

　飲酒運転の根絶が叫ばれていますが，2015年の飲酒運転による検挙者は26,664人と後を絶ちません（国家公安委員会・警察庁，2016）。その背景には何が隠れているのでしょうか。

　飲酒運転をしている人々の半数程度は，お酒の飲み方に問題がある人々（常習飲酒者，多量飲酒者，アルコール依存症患者）であり，彼らの多くは，飲酒運転だけでなく飲酒が原因のさまざまな問題を抱えているといわれています。根本的な治療としては断酒しかありませんが，断酒のためには，本人の疾患の自覚，専門治療機関への受診に加えて，周囲の理解と協力が必要です。

　飲酒運転を行った人たちに対するアンケート調査がいくつかあります。図3-4はその中の1つの結果ですが，他の調査でも類似の結果が

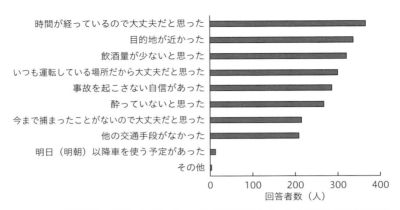

▲図 3-4　飲酒運転の理由（中川・樋口・神奈川県警察本部・独立行政法人国立病院機構久里浜アルコール症センター，2008）

得られています。多くの人が，時間が経っているから，ちょっとの距離だから，お酒を少ししか飲んでいないから，このくらい大丈夫だろうという甘い考えで飲酒運転をしていることがわかります。

　以前，自動車学校の指導員に協力してもらい，飲酒の影響を調べたことがあります。飲んでもらったお酒はビールのロング缶（500 cc）でしたが，5人中4人はお酒を飲んだ後の運転では加速や減速，ステアリング操作が粗雑になっていたことがわかりました。興味深いのは彼らの感想で，運転に変化がみられた4人中2人は飲酒の影響を感じていませんでした。運転が変化していることに気づかないところに飲酒運転の怖さ，繰り返される理由があります。

（1）アルコールの代謝と生体への影響

　酒の主成分であるアルコール（エタノール）は毒性をもっており，身体はアルコールを分解，無毒化して体外に排出しようとします。摂取したアルコールは，胃や小腸，大腸で吸収され，血液と一緒に全身に巡っていきます。血液中のアルコールは少しずつ肝臓で代謝（分解）されますが，3段階のステップを踏みます。まず，アルコール脱水素酵素（ACH）によりアセトアルデヒドに分解されます。アセトアルデヒドはアルコール自体よりも毒性が高く，濃度が高くなると顔面紅潮，心悸亢進，悪心，嘔吐，頭痛等を引き起こします。アセトアルデヒドはアセトアルデヒド脱水素酵素（ALDH1，ALHD2）により無毒な酢

酸に分解されますが，ALHD2には働きが強いタイプと弱いタイプがあり，弱いタイプのALHD2をもつ人はアセトアルデヒドの濃度が高くなるため，先述の反応が出てしまいます。いわゆるお酒に弱い人です。欧米人にはほとんどいませんが，アジア系では多く，日本人では40％程度といわれています。最後に酢酸が水と二酸化炭素に分解され，体外に排出されます。

　肝臓でのアルコールの代謝時間は諸々の影響を受けますが，日本人では一時間にアルコール4～5g程度とされています。ビール500cc（純アルコール約20g）を飲んだとすると4～5時間程度は体内にアルコールが残存することになります。

　お酒に酔った状態というのは，血液中のアルコールが脳に達し，脳の働きを低下させている状態をいいます。運動を調整する小脳の活動が低下すると手元が狂ったりよろけたりするようになり，自制を司る神経の働きが低下すると気持ちが大きくなったり，感情的になったりします。少量の飲酒は軽い興奮状態を引き起こしますが，これは脳に抑制をかける神経の働きが弱まるために生じます。

(2) 飲酒が運転に及ぼす影響

　飲酒運転は，酒酔い運転，酒気帯び運転，基準以下，検知不能に分類されます。酒酔い運転には数値的な基準はなく，正常な運転ができないと判断される状態で運転をすれば酒酔い運転となります。一方，酒気帯び運転には明確な基準があります。血中アルコール濃度0.3 mg/ml（呼気アルコール濃度0.15 mg/l）以上であれば酒気帯び運転，それ未満であれば基準以下となります（2002年改正）。誤解されやすいのですが，検知されたアルコール量が基準に満たないごく微量であっても，さらに検知されなくても，1滴でもお酒を飲んで運転していれば飲酒運転です。

　アルコールがどのように影響するかについては多くの研究があります。表3-2は，実車やシミュレータ（飛行機のシミュレータを含む），その他の検査機器を用いた112の研究結果をまとめた表です。影響が出始める血中アルコール濃度が機能によって違うこと，複雑な機能ほど影響が出やすいこと，運転はごく少量であっても影響が出ることが見て取れます。

▼表 3-2　影響が出始めるアルコール量（Moskowitz & Fiorentino, 2000）

血中アルコール濃度 (mg/ml)	影響が報告された機能	半数以上の研究で影響が確認された機能
1.0 以上	フリッカー融合周波数	単純反応時間，フリッカー融合周波数
0.90–0.99		
0.80–0.89		
0.70–0.79		
0.60–0.69		認知的課題，精神運動機能，選択反応時間
0.50–0.59		トラッキング
0.40–0.49	単純反応時間	知覚，視覚機能
0.30–0.39	ビジランス，知覚	ビジランス
0.20–0.29	選択反応時間，視覚機能	
0.10–0.19	眠気，精神運動機能，認知的課題，トラッキング	眠気
0.01–0.09	運転，分割的注意	運転，分割的注意

　警察庁科学警察研究所の研究は，お酒に強い弱いに関係なく，少量の飲酒であっても影響が生じることを示しています。この研究では，歩行者の飛び出し等に対してアクセルを離すまでの反応時間をシミュレータで計測しました。呼気アルコール濃度が 0.1，0.2，0.25 mg/l 程度となるように飲酒してもらっています（ワインであればそれぞれ 200 cc，400 cc，500 cc 程度）。結果が図 3-5 です。飲酒量に比例し

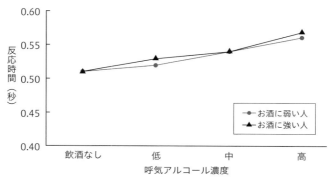

出典：科学警察研究所交通安全研究室「低濃度のアルコールが運転操作等に与える影響に関する調査研究」

▲図 3-5　呼気アルコール濃度と反応時間

て反応時間が伸びていることがわかります。お酒に強い人も弱い人と同様に飲酒の影響が出ていることが重要です。お酒が弱い人は飲酒運転はしないでしょうが，お酒が強い人は自分はお酒が強いと自覚していますので，図3-4のアンケート結果にあるように，自分は大丈夫だと過信をしてしまうようなこともあるのではないかと思います。お酒にかぎらず，運転には過信や油断は禁物です。

現場の声 4

警察の心理職員による運転適性検査の運用と指導

● 心理学の活用と運転適性検査の運用

　心理学の応用は警察機関においても種々の場面に活かされていますが，運転適性検査もそれを代表するものの1つです。筆者が担当している検査は『科警研編運転適性検査73型』というペーパーテスト方式の検査であり，運転者の内面的な各種特性を検出する心理検査です。また CRT 運転適性検査という心理検査器も運用しています。これは提示刺激に対して反応を求めるという形の機械検査器であり行動機能の測定から被検者の特性を検出しています。検査結果には診断票として被検者が実践すべき安全運転の方向性が示されます。これらの検査を実施するには，心理検査法や統計学など心理学の知識が必要です。また診断を解釈し運転者に行動変容を促す過程では，カウンセリングやコーチング，行動分析などの心理学の知識や技術が活かされます。筆者の勤務する検査所では，検査を用いた安全運転管理の実践をサポートしており，対応する相談は民間事業所から警察部内および行政機関まで多岐にわたります。

運転適性検査（ペーパーテスト）

CRT 運転適性検査器

● 運転適性検査受検相談における心理職の仕事

　事業所などから検査に関する問い合わせを受けます。「従業員に事故防止を図りたい」「部下の運転する車に同乗していて危険を感じる」「何でもないところで接触事故を起こす社員がいる」「事故を繰り返す」「検査を取り入れたいので，まずは安全運転管理者として受検したい」など，その内容は相談者によってまちまちです。相談対応の冒頭では，相談者が抱える運転または管理上の問題を聞き取り，安全運転を目指すうえで如何なる介入が適当であるのかについて目算を立てます。たとえば，相談者が事業所などの安全運転管理担当者の場合，事故防止に関してどのような会社内の仕組みをもって

交通事故防止を図っているのか，従業員による運転適性検査の受検のみに止めてよいのか，それとも企業担当者に具体的安全運転管理の必要性を周知し実践を醸成する働きかけから介入するほうが望ましいのか，といった企業側の安全運転管理に関する現状を見極め，相談者や団体における情勢や仕組みに見合った提案を示すことが肝要です。ここではコンサルティングの指向性が強いことから，人事管理，各種リスク理論，教育プログラムなど心理学によって包括される種々の知識が必要でしょう。さらに，相談の発端が従業員の自損事故，第一当事者であるような場合は，検査とあわせカウンセリングを受けることを勧め，安全な運転行動を阻害している被検者の要因を探索する作業へと続きます。そして運転者自らが気づき，判断し，実行する安全な運転行動の実現を目指すこととなります。

● 運転適性検査指導者の育成と今後

　運転適性検査には警察部内用の73型の他に簡易普及版検査として警察庁方式運転適性検査K型があります。自動車教習所や一般事業所における使用を目的としたK型を実施するには資格を取得する必要があります。それを認定する講習を担当しているのが各都道府県の運転適性検査担当者です。また担当者も全国にある管区警察学校の専科教養を修了した者であり，筆者はこの管区警察学校における専科教養の講師を担当しております。この教養は各都道府県において専門的知識に基づいた運転適性検査の運用および資格者の育成指導にあたることを目的としており，理論からカウンセリングの実践までの専門的知識，技術を養うカリキュラムとなっています。こうした専門的知識をもった警察職員が，指定自動車教習所などの運転適性検査指導員の育成にあたっているのです。

　心理検査としての運転適性検査は開発から数十年を経ていますが，現在でも被検者が真摯に検査を受ければ，かなり信頼性の高い診断となり，また被検者にも受容されています。検査を有益なものとしているのは検査担当者のスキルによるところが大きいので，今後検査担当者となる者にあっては，さらなる交通心理学など専門的知識と技術の研鑽に努め，検査の適正な運用と効果的な活用を目指すことが必要です。

心理学と運転適性検査

現場の声 5

● 心理学との出合い

　筆者が心理学に出合ったのは，大学に入ってからです。当時の大学の1，2年生は一般教養を学ぶようにカリキュラムが組まれており，その単位を修得しないと3年生へ進級できませんでした。そのため，筆者も含め多くの学生は"パンキョウ"（一般教養の呼び名）の単位を取ることに熱心でした。その一般教養の科目に心理学があり，その授業を履修したのが，心理学との出合いです。

　筆者が通った大学には，学生の人気投票でいつも上位にランキングされる心理学の名物教授がいて，履修登録期間中，その教授の授業を覗くと，「この授業は単位を取りにくいから履修しないほうがいいよ」と教授は言います。しかし，それは，履修生が増えないようにするためのカモフラージュであることを1，2年生は先輩から聞いているので，かなりの数の学生が毎年，その教授の授業を学ぶことになります。この時心理学とその名物教授に出会ったことが，その後の筆者の人生に大きな影響を与え続けています。

● OD式安全性テストの継続的な検証と時代に応じた改良

　上記の名物教授から心理学の基礎を学んだ筆者は，大学卒業後，運転適性検査を販売する株式会社電脳に入社しました。電脳は，クルマ社会の発展に伴う交通事情の深刻化を予測し，1967年，ドライバーの"こころ"を重視する教育に対応した運転適性検査「OD式安全性テスト」をリリースしました。電脳の主要なお客様である自動車教習所では，OD式安全性テストの診断結果を活用して教習生一人ひとりの性格や運転の癖を見極めながら指導しています。

　OD式安全性テストのように，商品化してから50余年も継続してお客様に活用していただくためには，妥当性検証等の継続的なチェックが欠かせません。

　また，時代に応じた診断処理方式の改良も重要です。OD式安全性テストの問題集と解答用紙がペーパーであるという点では現在も変わっていませんが，開発時は診断処理に汎用コンピュータを使っており，診断書に印字されるアドバイス文章はすべてカタカナでした。それから，コンピュータの進化とともに診断処理方式もパソコンによるスタンドアローン方式を経て，現在はインターネットを利用した方式も採用しています。

　ペーパーによるテストは時代遅れかもしれませんが，教室がIT化されて

いる自動車教習所は少数であり，一度に多くの教習生にテストを実施することができる点は現時点でも有効と考えています。一方，ドライバーの再教育や新入社員研修の場においては，パソコンやタブレット等で受検できる運転適性検査のニーズが高まっています。そのためのテスト改良が求められています。

◉ 交通心理学との出合い

　筆者が交通心理学に出合ったのは電脳に入社してからで，初めは仕事の延長として接していたのですが，会社の指示で日本交通心理学会に入会しました。入会してもしばらくの間は学会の大会を覗く程度で，あまり積極的に参加していませんでしたが，将来の可能性を見据えて一念発起し，交通心理士の資格取得にチャレンジすることにしました。

　それから筆者の五十の手習いが始まりました。交通心理士の資格を得るには，当時の資格要件として，日本交通心理学会の大会での発表や学会誌に掲載する論文作成などがありました。そのため，何度か発表を行ないましたが，発表後の質疑応答の時間には身体中から汗が噴き出たことを今でも覚えています。また，論文をなかなか通してもらえず悔しい思いもしました。今振り返ると自分の実力不足だったことがよく理解できます。

　最後に，OD式安全性テストの販売に従事して，苦労したこと，うれしかったことを電脳の営業社員から収集しましたので，その一部を紹介します。

交通心理士会地区別研究会での司会

OD式安全性テストの販売に従事して苦労したこと，うれしかったこと

◆苦労したこと	◆うれしかったこと
・お客様との商談中に，心理学用語の使い方を間違えないよう，上司から注意された	・活用の仕方をレクチャーするときなど，「心理学」的な視点から解説すると「今までにない見方で参考になった」と言われた
・心理アセスメントとして利用すべきものを，事故を起こした人へのペナルティーとした位置づけにされるのが心苦しかった	・「社員の安全意識が高くなり，交通事故も減少した」との報告をもらった
・「性格は変わりにくいのだから，やったところでしかたがない」と，運転適性検査の活用目的を理解されなかった	・「良いお仕事をされている」と初対面の方が言ってくれた

バス会社の安全指導

現場の声 6

● 間違った指導

　筆者はバス会社に勤務している主任交通心理士です。現場管理者になった頃，「事故を起こすな」＝「失敗するな」と教えていました。その当時，事故という失敗は許さず，人間は失敗するものであるという考えがあまりできていませんでした。ところが，被害者との面談を終え，運転者と話しているうちに，加害者もまた被害者であることに気づきました。まさに「後悔先に立たず」です。家族のある運転者は，被害者への償い，そして家族にどのように説明すればよいのかなど，その思い悩むさまは見るに忍びがたいほどで，そのような場合は会社のケアも必要となります。

　事故を起こしてからでは遅いのです。事故防止策をあれこれ考えましたが，どれもこれも自分のわずかな知識と経験からのものでした。同じ企業にいると考え方・意見も自然と同じになり，多角的なものの見方が欠けていたのかもしれません。暗中模索の状態で，「交通心理学」に出合いました。「交通心理学って何だ？」長い間運輸業界に居ながら知りませんでした。

● 事故分析と自己分析

　事故が発生したとき，現場の管理監督者は原因が１つ見つかれば安心してしまいます。追突事故が発生した場合，前方不注意のみになりがちです。なぜ前方不注意になったのか，風邪をひいて体調が悪かったのか，車内の乗客に気を取られていたのかなどその背景まで多角的に分析することなく，一見落着になりがちで，指導はその時だけに留まり，行動習慣の変容にはなかなか結びつきません。

　自身を顧みても，管理監督者は業務に追われ，どうしてもマンネリになりがちです。職業運転者としてハンドルを握らない者がハンドルに命を懸けている運転者に通りいっぺんのことを言っても説得力がありません。さらに，現場の運転者教育においては，先輩が新入運転者に対して，「俺の若い頃は……」と，社会環境の変化や学校教育の影響による世代間ギャップが発生し，一方通行のコミュニケーションになっていました。

● 双方向のコミュニケーションの大切さ

　つい忘れがちになるのが，人間の特性と弱みです。特に実務者は，相手も自分と同じ考えと行動をしていると思い込んでいることが少なからずあります。自らの経験と誤った理解が入り混じって熱い指導をしているところを見

かけます。たとえば，「運転適性診断」で，事故を惹起した運転者に対して，「だから，あなたはここができていないのだ」とうっかり言ってしまうのです。そもそも共感するとは，相手との違いを認識することなのでしょう。

また，安全指導業務について，国土交通省から運行管理者等指導講習および適性診断業務実施機関として認定を受け，指導講習業務の第一種講師，適性診断業務の第二種カウンセラーとして，運行管理者や運転者との双方向のコミュニケーションを大切にし，旅客に特化した専門機関としてのリーディングカンパニーでありたいと願っています。

● 事故防止はエンドレス

　人命を預かるバス会社にとっては，事故を起こすと，即信用の失墜につながります。事故の背景にある要因を1つひとつ探りながら，原因を追究し対策を検討します。職業運転者にとってハンドルを握ることは，人生そのものなのです。個人指導では，キャリアプランを提案することまで求められているのかもしれません。現在の職業運転者に対する企業内教育は，参加者の受動的態度と強制的なことに問題があります。そこで現在，あるバス会社の現場では，新たな動機づけと物語性をもたせた教育プログラムが開発されています。そこでは，運転者が運転適性診断を自己分析することで当事者意識を芽生えさせ，また自らの運転行動目標を設定し，それをひとこと日記として定期的に記入させることにより，効果の持続性を保とうとしています。そして緩やかなつながりをつくるために，2人1組でのサポート体制をとり心地よい職場づくりを目指しています（写真参照）。

　また，組織としては安全指導要員の確保が必要となり，経験による指導から科学的な根拠に基づいた指導へスキルアップすることが重要です。人間はミスをするものとの前提に立って，最新の情報収集と新しい知識の習得が求められており，その理論的根拠となるのが交通心理学です。ひとりでも多くの人が，交通心理学を学び交通事故を1件でも減らすことが筆者たちの使命であると認識しています。

赤い糸による2人組づくり抽選

タッピングタッチによる癒し体験

動機づけと物語性をもたせた教育プログラム風景

第4章
運転行動

1節　危険の予測と対処

1．なぜ危ない行動をするのか

　私たちが危ない行動をする場合には，せっかちで急発進するように，その人のパーソナリティや運転態度が悪い場合もあれば，混雑した道路で歩行者や自転車が行き交う状況のように，交通状況が引き金となって危ない行動に至る場合もあります。

　とりわけ，年齢の要因は事故と結びつけて語られます。たとえば，「若さ」は，交通場面だけでなく，日常場面でも人が危ない行動をする理由としてしばしば指摘されます。なぜ若者は危ない行動をするのでしょうか。この問題について多くの研究がなされてきました。フィンとブラッグ（Finn & Bragg, 1986）は，若者の高いリスクテイキング（risk-taking）の理由として，①年長ドライバーよりもリスクをとろうとする傾向が強いこと，②ハザード性の高い状況を年長ドライバーほど危険だと見なさないこと，③その両方，のいずれかであると述べています。

　第一の「リスクをとろうとする傾向」のことを「リスクテイキング」といいます。「リスクを承知で行動を行う」というドライバーの傾向性が事故に結びつきやすいという仮定に基づいています。

　第二のハザード性の高い状況というのは，事故に結びつきやすい対

象といわれる歩行者や自転車，見通しの悪い交差点などが存在している場面です。こうした状況では，若者や初心者は，「何が危ないかがわからず」，結果として，その時の自分の行動を「危ないと思わない」のです。一方，経験豊富なドライバーは，同じ状況でも危ない対象や場所を素早く的確に理解できるため，「危ない」と感じることができます。

つまり，個人が高い危ない行動をする場合，何が危ないのかわからないでリスク状況に入り込んでしまう場合と，リスクを承知で受容する場合（たとえばスリルを求めるなどの理由）があります。そして，赤信号を無視して交差点を横切った場合のように同じ行動のように見えても，①信号があるのに気づかずに交差点に入る場合，②赤であるのを承知で無理に入り込む場合，とは原因が大きく異なります。前者は「知覚」や「認知」の問題であり，交通心理学では，運転中の危ない対象を見つけ出すことを「ハザード知覚」とよんで重視しています。

運転行動では時間圧力が高く，ハザード知覚からリスクテイキングの意思決定を経て行動がなされるまでの過程が素早く進行します。そのため，こうした心的過程を理解することは大切です。そして，後者はリスクテイキングの問題となります。たとえ同じように「危ない」と思っていても，急いでいるときには無理な行動をとることがあります。

2．ハザード知覚とリスク知覚

ハザードという言葉は，地震や洪水の災害防止に用いられる「ハザードマップ」や車の運転で用いられる「ハザードランプ」などで目にする機会が増えてきました。日本語では，一般的に危険という言葉ですべて説明していますが，実は危険の概念は，英語やドイツ語ではいくつかの用語に分かれています。亀井（1995）は，危険という言葉を，①事故発生の可能性または不確実性である「リスク（risk）」，②事故それ自体である「ペリル（peril）」，③事故発生の条件，事情，状況，要因，環境である「ハザード（hazard）」の3つに区分しています。

「事故発生」は「損害発生」と言い換えることができるため，リスクとは「損害発生の可能性」を意味しています。そして，損害発生の可能性が高いとか低いという言い方をします。ハザードとは「損害発生

の可能性を高める条件や状況」のことで，リスクが量的な概念であるのに対して，ハザードは質的な概念といえます。最後がペリル（peril）あるいはデンジャー（danger）という用語で，「損害を現実に生じさせる作用」を意味します。火災が発生するとか，車両が横転しているような段階で，すでに事故や災害が現実に発生しており，避難等が求められます。運転行動の理解のためには，その中でも，「ハザード」と「リスク」の区別が重要です。

　交通参加者が交通状況に注意を向けて，最初に行うことが「ハザード知覚」です。運転中に自分にとって事故に結びつくかもしれない危ない対象，すなわちハザードを予測し，早めに発見して，それに対応して減速や車両間隔を空けることが大切です。

　ハザードは特定できるため，個々のハザードを予測し，発見し，理解することができます。この知覚的過程を「ハザード知覚」とよんでいます。ハザード知覚は過去の教育や運転経験を積むことで，何が危ないかの理解が進むとともに，成績が向上するという技能といえます。したがって，年齢や経験の違いによる個人差が大きいという特色を備えています。ハザード知覚の技能を測定することで，そのドライバーや交通参加者のリスク回避の能力をある程度推測できます。

　たとえば，図 4-1 のような，前方の駐車車両のある状況を例にして説明します。

　この状況で何がハザードでしょうか。別の言い方をすると，事故に結びつきそうな対象や状況をあげてください。ベテランドライバーにとっては何を言っているのか，と思われるでしょうが，初心者にとってはなかなか難しいのです。もちろん，よくわかっている人もいれば，

▲図 4-1　駐車車両のある交通状況

ほとんど回答できない人もいます。この状況で基本的なハザードとしては，①駐車車両の陰からの歩行者や自転車の飛び出し，②駐車車両の発進，③駐車車両のドアの開放の3つがあげられます。さらに，よく見ている人は，前方路面上の薄層舗装に気がつくかも知れません。こうした舗装は，下り坂で速度が出やすい箇所に速度抑制のために設置されますので，「速度超過に注意」という目印になります。左前方には，駐車場の表示がありますので，駐車場内の車両の動向にも目を配るべきでしょう。単純な静止場面ですが，幅広く的確なハザード知覚の大切さを理解してください。

　ハザードを早期に発見することや，その出現を予測して，十分な徐行や停止をし，左右の確認を行うことで，かなり事故を避けることができます。これが適切なハザード知覚とそれに続くリスク回避行動の例です。逆に，確認や予測をしておらず，そのままの速度で交差点に進入して事故に至ることも数多く発生しています。

　近年ヨーロッパでは，フィンランドの交通心理学者であるケスキネン（Keskinen）教授の運転行動の階層モデルに基づいた教育が推進されています（図4-2）。彼の階層モデルでは，運転者行動の4つの水準を提唱しています。第一レベルの「車両の挙動の技能」では，運転操作や右左折などの車両挙動が中心です。第二レベルの「交通状況の支配」は，交通状況への危険予測や他の交通参加者との適切な相互作用

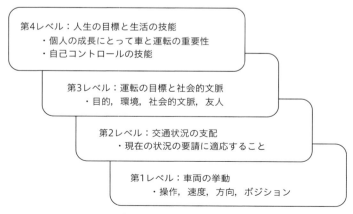

▲図4-2　運転行動の階層モデル（Keskinen, 1996）

がなされます。第三レベルの「運転の目標と社会的文脈」では，移動の運行計画や安全ルートの選択など，日常生活と密接な関係がある側面です。ショッピングという目的のために運転をして，こういうルートを通ろう，というものです。第四レベルの「人生の目標と生活の技能」の階層では，ドライバーの人生の動機や目標，衝動の自己コントロールといった個人の能力と関連があります。何のために生きているのか，運転はその一部としてその人の人生や生活にどのように関わっているかが問われます。

　彼の階層モデルに基づいたヨーロッパの運転者教育はGDEモデルとよばれています。本節で説明する「ハザード知覚」や「リスクテイキング」は第二レベルの「交通状況の支配」に関わる基本的な技能となります。

3．ドライバーのハザード知覚の諸研究

　ハザード知覚に関する先駆的な研究としては，ソリデイ（Soliday, 1974）は実走行場面でのハザードを口頭で報告させるという手法を用いて，若年ドライバーが交通状況の静的対象を報告する傾向を示すのに対して，年齢や運転経験が増大するにともないドライバーが動的対象への報告が多くなることを示しました。

(1) 昼夜別ハザード知覚

　レンゲ（Renge, 1998）は昼間と夜間の映像のビデオ提示によりドライバーの交通状況へのハザード知覚能力とリスク評価を調べ，さらに，そうした知覚得点とリスク回避傾向の指標として速度調節得点を関連づけました。交通状況へのハザード知覚得点が高いドライバーほどリスクを高く評価し，またリスクの高いものほど速度を低下させようとする傾向が示されました。

　運転経験の効果を調べるために，169人の調査参加者を，教習群（自動車教習所の教習生），ペーパー群（免許保有者でほとんど運転していない者），初心群（経験の少ない群），経験群（一定以上の運転経験のある者），指導員群（教習所指導員）に分けて，被験者群別ハザード知覚得点を比較した結果，図4-3のように，運転経験とともにハザード知覚得点が高くなりました。さらに，昼夜別に比較すると，昼

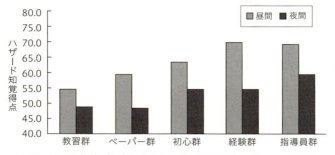

▲図4-3　昼夜別・被験者群別のハザード知覚得点 (Renge, 1998)

間場面では経験群と指導員群に差はみられなかったが，夜間場面では，指導員のほうが経験群を上回っていました。この結果は，夜間の運転経験の違いが影響していると解釈されました。

(2) 高齢ドライバーのハザード知覚

　私たちは高齢ドライバーに対するハザード知覚も調査しています（蓮花ら，2003）。高齢ドライバーの場合，交差点事故が多く，危ない交差点できちんと止まらない，左右を確認しない傾向が示されました。そのため，ハザード知覚に問題があるのではないかという推測がなされました。レンゲ（Renge, 1998）のハザード知覚テストの昼間場面を用いて，テストが実施されました。高齢者が回答しやすいように，回答用の場面のイラストを用いて，ビデオを見たのちに危ないと思うものや気になる箇所に丸をつけてもらいました（図4-4）。

▲図4-4　ハザード知覚テストの回答例 (蓮花ら，2003)

（3）3つのハザード

　私たちはハザードを顕在的ハザード，行動予測ハザード，潜在的ハザードの3つに区分しました。顕在的ハザードとは，自車の前方にあり適切な回避を必要とするようなハザードです。前方の歩行者や先行車の減速などです。行動予測ハザードとは自車の側方にあり，その後の行動によっては回避が必要となるハザードのことです。対向右折車，駐車場から出てくる車，合流帯から本線に進入する車などです。潜在的ハザードとは，まだ存在していないものの死角から出現する可能性のあるハザードです。交差点の交差道路から出てくるかもしれない車，車の陰からの車などです。行動予測ハザードや潜在的ハザードの場合，相手の行動や存在を予測する技能が必要となります。

　研究の結果，高齢者の特徴として，ハザード知覚の中でも，潜在的ハザードの知覚に弱点を抱えるという面が指摘できました。中年層，準高齢者（55歳〜65歳未満），前期高齢者（65歳〜75歳未満），後期高齢者（75歳以上）という年齢区分を設けたところ，ハザード知覚の全体得点では中年層は高くその他の年齢層ではあまり違いがみられません。ところがハザードの類型別に得点を比較したところ，図4-5のように，行動予測ハザードと潜在的ハザードでは年齢が高くなるにつれて，得点が低下しています。特に潜在的ハザードの得点が低く，見えない危険源に対して適切な予測ができていない可能性が指摘されました。

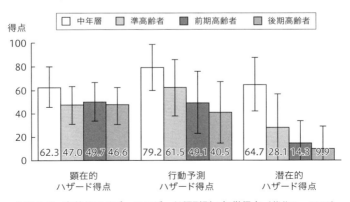

▲図4-5　高齢ドライバーのハザード類型別の知覚得点 （蓮花ら，2003）

（4）ハザード知覚の訓練

　ハザード知覚という側面は，注意や確認とともに，安全運転にとって基本となる分野です。危ない対象を見つけて初めて，それを回避するために行動することができます。ハザード知覚が技能であり，それを訓練することで危ない行動を減らし，事故防止につなげるというのが世界的な流れとなっています。

　中村ら（2013）は，事故映像とタブレット端末および専用ソフトウェア（Hazard Touch）を用いて，ハザード知覚の訓練を実施し，その効果を検証しています。事故映像はタクシーのドライブレコーダで撮影された映像であり，前半のハザード場面とそれに続く事故発生場面から構成されています。この研究では，実際の事故を取り上げていますので，事故発生の原因となるハザードが事後に特定できることが大きな特徴です。訓練の前後で比較したとき，訓練後のほうが，交差点進入時の通過速度が低下し，左確認行動が上昇するという教育効果が研究では実証されました。

　欧米諸国では，長く写真を用いた試験問題でハザード知覚が免許試験に組み込まれています。クリックとマッケンナ（Crick & McKenna, 1991）は，反応時間を指標とした「ハザード知覚テスト」を開発し，運転者教育プログラムに参加したドライバーのハザード知覚能力が向上したことを実証しました。こうした研究に基づいて，イギリスでは2002年からブースでの個別の免許試験で，14場面から構成されたテストを用いています。

4．リスク効用の影響

　ハザード知覚やリスク知覚に続くリスクテイキングの後半の過程にはどのような問題があるでしょうか。リスクが高く評価されているとき，つまり「危ない」と思っていても，時間の短縮や他者の賞賛などの効用が上回ればリスクが受容されリスクテイキング行動が生じやすくなります。リスクの高い行為を行うことで，何らかの利得が得られるとすれば，そのリスクは報われることになり，正の強化が生じます。つまりその行動が生じやすくなります。

　たとえば，高速で道路を走行することにより目的地までの時間が短縮されるならばその努力は報われるでしょう。つまり，「ストレス発

散」や「先急ぎ」などによる利得が運転行動に関わっており、そうした利得がリスク敢行―回避の行動面に影響を及ぼしています。こうした側面を「リスク効用（risk utility）」とよんでいます。

リスク効用には人間の動機体系と重なりあうさまざまな種類があり、ストレスの発散、攻撃、自立の表現、覚醒レベル上昇の手段、移動効率（先を急ぐこと）、大人の権威への反発、仲間からの賞賛というものがあげられています。こうした動機がリスク回避に影響を及ぼしています。「仲間からの賞賛」とは何かというと、高速でカーブに突っ込んで、タイヤが軋むような状態でカーブを通過するときに、「すごい！」とか「やった！」というように、同乗の友人に褒められることで、嬉しくなって、そんな運転をし続けるという状態です。「褒めて伸ばす」というのがよい行動のみならず、リスクテイキングのような問題のある行動にも当てはまる例です。

とりわけ、近年注目されてきたのがセンセーションシーキング（sensation seeking, 感覚追求）です。ズッカーマン（Zuckerman, 1994）の定義によると、「センセーションシーキングとは、多様で、新奇性があり、複雑かつ激しい感覚や経験への追求、さらには、そうした経験を得ようとして、身体的、社会的、法的かつ金銭的なリスクをとろうとする意図によって定義される個人の特徴」です。

こうしたリスク効用などの知見が増えるにつれて、ドライバーのリスクテイキング傾向を減少させ、リスク回避傾向を増大させるためには、リスク知覚の改善だけでは限界があることも認識されるようになってきまし。要するに、ドライバーがなぜそうした行動をとるのかは、リスクの非効用としての事故の可能性だけを取り上げるのではなく、同時にセンセーションシーキングや他者からの賞賛などのリスク効用を考慮することも大切であるとされています。

近年のリスク受容やリスク回避に関する最も盛んな議論はリスク補償説（risk compensation）やリスクホメオスタシス（risk homeostasis）理論を巡る諸問題です。リスク補償傾向とは「何らかの対策による安全面でのメリットを、交通参加者がよりリスキーな行動をとることで相殺あるいは減少させること」です。たとえば、道路改良で安全な道路になったとしても、交通参加者が安全面でマイナスの方向に行動変化（たとえば速度上昇や安全確認の省略など）することで、得

られるはずの安全面のメリットが部分的に相殺されてしまうのです。今日，ITS（高度道路交通システム）分野での自動運転車や運転支援のような車両技術の発達により，この問題は新たなテーマとして浮かび上がっています。

2節　運転技能と運転パフォーマンス

1．運転技能

（1）技能試験

　運転免許を取るときの関門の1つが技能試験です。運転の実技試験です。多少なりとも誰もが苦労した試験です。技能は行為者の意図通りに行動を導く能力のことですが，実際の技能試験で求められるのは，自在に車体をスピンさせたり止めたりする，レーサーのような高度な運転技術ではなく，安全に通行するために履行すべきこと，たとえば左右の安全確認などを確実に行えるかどうかという技能です。

　技能試験において重視する項目は時代によって少々変わります。田んぼのあぜ道から転落しないように道なりに進めばよい，という時代もありました。自動車学校の構内コースでは，縁石に乗り上げるのを脱輪，縁石をこするなどを接輪とよび，それらは事故に相当する大きな減点対象の項目でしたが，1978年には脱輪接輪よりは安全確認のほうを重くみる採点基準になり，後方確認をより徹底するなど教育方法も改正されました。最近の教習課程では一般路上での教習を早い段階から行うように改正されています。

　そうした教習内容の変更は行政中心に行われました。改正に交通心理学の知見がそれほど反映されたというわけではありません。その点では交通心理学の活用は進んでいるとはいえない段階にあります。

　免許を取得した時点の運転技能は運転経験を積むうちに向上もするでしょうが，好ましくない癖がついてしまう運転者も多いです。

　吉田（2006，pp.69～77）は動作本位反応として固有の運転癖，たとえばクラッチ操作の奇妙な癖のある運転者の事例を報告しました。今は，AT車（オートマチック車）がほとんどですから，クラッチの足癖を心配する時代ではないと思うでしょうが，仁平（2000）はそのAT車のブレーキを左足で踏む運転者がいることを報告しました。も

ちろん自動車学校では左足でブレーキを踏むことは許されません。そして仁平は，そのような癖のある運転者はブレーキとアクセルを踏み間違うヒューマンエラーをしがちである，と指摘しました。

　自動車教習所では同じような教習を受け，定められた基準に合格した人だけが免許証を取得します。一定の技能や安全の習慣が身についたはずですが，それでも運転のパフォーマンスには個人差が生じるのです。教習所では必ずしていたシートベルトを免許取得後にはしなくなる人もいれば，安全確認がおろそかになる人もいます。

(2) 運転行動（パフォーマンス）の個人差

　ビデオが普及しだした1970年あたりから運転者の運転ぶりを録画できるようになり，行動観察という研究法が発展します。技能試験の採点は熟練を要しますが，専門家が同乗しなくとも運転者の行動を研究者が評価できるようになります。技能試験のチェック項目は，何をすべきか，そのすべき行為を実行したかどうかという行動の評価項目として使えます。装置と分析項目を工夫することによって研究者が運転行動をチェックできるようになりました。

　運転者の行動を観察できることの意義は大きいです。監視カメラが普及したとはいえ，一般に関心のある事件や事故に結びつく決定的な行動を観察できるのは珍しいことです。たとえば犯罪の場面とそこに至る経緯が映像に記録されることはほとんどあり得ないことでしょう。恋愛の告白における重要な行動の経緯を第三者が傍らで観察することもまれでしょう。多くの決定的な行動は本人の回顧によるものです。心理学がデータに基づく科学といっても，収集できるデータには限界がともなうのです。

　ところが，自動車を運転するそのさまは，細部までデータに収めることが可能です。もう少し具体的に述べましょう。運転において安全確認＝見るという行動は重要です。たとえば交差点での左右の安全確認の有無やバックミラーを見たかどうかがビデオなどで客観的に観察できるようになったのです。決定的に重要な行動を記録する装置とその分析方法の工夫ができます。行動観察法の有効性は交通心理学の特徴の1つです。

　もちろん行動を観察すればその行動の原因がわかるというものでは

ありません。バックミラーを見ることを例にすると，追突を恐れて後ろの状況を知っておきたいという理由から探索的にミラーをのぞくこともあれば，進路変更をするための一連の手順の手始めとしてミラーを見ることもあります。またこれから法定速度を越えたスピードを出す目的をもって後続車にパトカーがいないかを確認するためにミラーを使用するというケースもあります。このように理由はさまざまですが，ともかくもミラーを見たかどうかの事実を確定できるということには大きな意義があります。

　行動の理由まではわからないが，ともかく表面的に観察された行動の側面をパフォーマンスとよぶ用例が多いです。そのパフォーマンスはミラーを見た回数というように数量的に評価されます。そうして計量化した結果をみると，そこに運転者間の個人差が数量的に鮮明に浮かび上がってきます。同じような状況で観察してもパフォーマンスに差が観察されます。その行動の差異と偏りに交通心理学は初期の段階から注目してきました。

　そうした個人差は技能の差に由来するとはかぎりません。どのような意図，あるいは価値観をもって運転するかも個人差を生みます。そして意図通りに運転できるわけでもありません。結果として運転者のパフォーマンスの大きな個人差が検出されたのです。

　観察された行動（パフォーマンス）の個人差は事故を多く起こす運転手とあまり起こさない運転手の個人差をも説明するのではないかと期待できます。そこでさまざまな面から行動のパフォーマンスが調べられました。たとえば教習段階の運転者と経験を積んだ運転者では目の動き，つまり目のつけどころが違うこと（Mourant & Rockwell, 1972），注意の及ぶ有効視野の範囲が高齢者になると狭くなること（Cushman, 1996），足元のペダル操作やハンドルの微細な動きには，タクシー運転者の間でも差があること（船津, 1977），そして事故・違反歴によっても差があること（Greenshields & Platt, 1967）などがわかってきました。

2．シートベルトと安全確認の関係

（1）運転行動の次元問題

　運転のある特定の行動の側面の個人差だけではなく，個人差のある

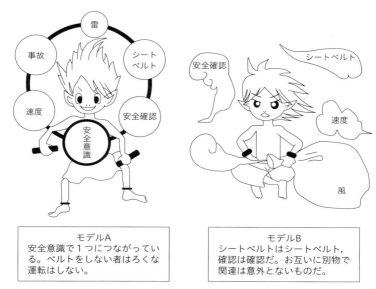

▲図4-6　2つの研究の対立の出発点となった2つの模式図（吉田，2007）

　1つの側面と別の行動の側面との関係も問題になります。たとえば，シートベルトをするかしないかの個人差と安全確認をよくするかどうかの個人差がどう関係するか。この問題を交通心理学の研究例として紹介します。

　さて，みなさんはシートベルトをする人はしない人よりも安全確認を確実に行うと思いますか。シートベルトをしない人は安全意識が低いのだから安全確認もろくにしないし，スピードも出すだろう，というのが常識的な考えでしょうか（図4-6のモデルA）。しかし，シートベルトと安全確認とは関係がないとする研究もあります（図4-6のモデルB）。関係がないというのは，シートベルトの有無から安全確認がどうかは予想できないということです。それは別の次元だといいます。シートベルトをしない人は確認もおろそかで，スピードも出すというなら，シートベルトも確認もスピードも1つの種類のこととくくられます。それを同じ次元のものといいます。

　どのような行動と行動とが関連が深いのかは運転行動がどのように成り立つのかを解明するうえで重要です。これを「運転行動の次元問題」とよびます。いかめしそうな名称ですが，たとえばおしゃべりな

第4章　運転行動　69

人は社交的でしょう。おしゃべりと社交性は同じ次元でしょうが，おしゃべりと粘り強さはどうでしょうか。別の次元と思えませんか。このようなパーソナリティ特性はだいたい5つの次元になるとされますが，運転行動にはどのような次元があるのかはまだ確立はしておりません。

　ここではわが国で行われたシートベルトと安全確認の関係についての2つの研究を紹介し，その対立点と議論を整理してみたいと思います。

(2) シートベルトの有無と安全確認の関係についての研究

　吉田（1995，2006）は，シートベルトの有無と安全確認の有無は関係がない，との結果を出しました。彼は仙台市内の交差点で1991年から翌年にかけてシートベルトを着用した運転者と着用しない運転者との左折時の後方確認の実行率を比較しました。その結果，ベルト着用者と非着用者の間には後方確認をする率にほとんど差が出なかった，と報告し，ベルト着用と左折時の安全確認がなぜ関連性がないのかを論じました。

　これに対し中井・臼井（2006）は，大阪の信号機のない交差点で2003年から翌年にかけて観察し，シートベルトを着用した運転者のほうが左右の安全確認をする回数が多いとして，リスクテイキング行動は一貫し，ベルトをしない運転者は安全確認もおろそかで通過速度が速く合図も遅いと論じました。彼らはシートベルトと安全確認はリスクテイキングという点でつながり，両者は別の次元ではないと主張したのです。吉田の説とは対立します。

　このように矛盾する説があるときにどのように考えていくかの一例をここでは示したいと思います。

　第一に2つの調査の行われた時期と場所の違いとその背景を押さえましょう。調査時期には10年の隔たりがあります。その間に全国のシートベルトの着用率は上昇しました。シートベルトは1990年代の半ばから上昇し，今日ではシートベルトをしない運転者を探すのが困難なほどです。したがって，シートベルトの着用者と非着用者とを比較する研究が成り立たないのです。本来，科学では矛盾した結果は追試をして検証します。しかし，それが難しい状況にあります。シート

ベルトの着用率が高いことは歓迎すべきことですが。

　吉田が調査したときの仙台市の市街地の着用率は64％であるのに対し，中井・臼井の着用率は75％程度です。後者のほうが高いようにみえますが，中井・臼井の着用率は全国レベルからすると低いのです。大阪の着用率が全国平均よりただでさえ低いところに，彼らの調査した場所の近辺の着用率は，大阪の平均よりさらに低かった，と中井と臼井は報告しました。つまり，2000年代に中井と臼井が観察した非着用者は全国的に希少な存在といえます。仙台では2000年代には非着用者を見つけるのは困難でした。同じ非着用者でも，両者の非着用者の背景が異なるという点には留意する必要があります。

　第二のポイントは安全確認というとき，吉田は交差点を左折する直前に行う後方確認を取り上げました。自動車の左側面に入ってくるバイク，自転車類との側面での衝突を警戒する安全確認です。これに対し中井と臼井の安全確認は信号機のない交差点で交差する道路の往来の安全確認です。頭を左右に向ける安全確認です。一口に安全確認といっても，その種類と中身が異なるのです。

　第三は安全確認の程度の評価です。吉田の仙台調査は左折直前に後方確認をしたか，しなかったかの有無を取り上げました。その後方確認をしないというのは，事故の可能性が高いか低いかは別としても，履行すべきことを怠ったと評価できます。免許の技能試験でも減点です。しかし，中井と臼井の大阪調査が取り上げたのは左右の確認の回数です。確認がない，つまりまったく見ない，ということではなく，確認はしたけれどもその回数が違うというだけです。確認回数が少ないから危険とはかぎりません。確認数が少ないのは合理的に効率的に安全確認をしているためという可能性もあります。交差点の手前の左右の確認の回数が少ないというだけでは，危険であるとの評価を下すのは早計ですし，技能試験でも減点はできません。安全確認がないというのと回数が少ないというのは意味が違うのです。

　中井と臼井の仮定したようにリスクテイキングが一貫し，シートベルトをしない運転者が信号のない交差点で危険な通行をするという仮説は彼らの調査結果から支持することはできません。彼らは「リスクテイキングとはリスクを承知で行動を敢行すること（中井・臼井，2006）」と定義しましたが，観察対象者が自分の行動の危険性を承知

していたかの検証がないからです。リスクテイキングの一貫性は立証されていません。

　しかしながら，中井と臼井はシートベルトの有無によって信号機のない交差点の通行方法に差があった，ということは示しました。両者は同一の次元にあるつながりがある行動であることを示唆します。一方，吉田はシートベルトの有無によって左折直前の後方確認の有無には差がないことから，両者は別次元にあることを明らかにしました。このことから，左右の往来に対する安全確認と自転車などとの側面での衝突に対する安全確認とは別である可能性があります。安全確認をひとくくりにするわけにはいかないのです。単純な見方は禁物です。

　運転行動のさまざまな側面の間の複雑な関係を読み解き，その成り立ちの過程を考察するのは研究者の仕事です。それが明らかになると，運転者の行動の性向を読み解き，そこから事故の危険性を診断し，そこを矯正していくことやそのような性向をつかないシステムを対策することが可能になるのです。

運転シミュレータの開発

● はじめに

　自動車工業系の大学や研究機関等では，運転シミュレータを使用して，交通心理学的側面の各種評価実験が多く行われています。一方，警察や自動車学校で実施されている運転者教育に，昨今，交通心理学に基づいた運転シミュレータの教材ソフトウェアを採用する機会が増えてきました。ここでは，筆者が開発・設計を担当している，運転者教育用シミュレータとはどのようなものか，を説明しつつ，運転者教育用のシミュレータの現状や今後の開発動向などについて紹介します。

● 運転者教育用シミュレータ開発の歴史

　運転者教育用シミュレータの原点は，実際の運転場面を撮影した映像を体験者の前方に映写し，それを見ながら運転操作を行う映像フィルムによる実映像方式のシステムでした。1967 年，三菱プレシジョンはこの方式を運転者教育用のシステムとして日本で初めて採用し，開発／販売を始めました（DC-1000〔写真〕）。筆者がまだ生まれたばかりの頃のことです。

DC-1000

　実映像方式のシステムは VTR 方式，レーザ・ディスク方式を経て，ハイビジョン方式へと発展を遂げます。筆者が入社したのはその頃のことで，ハイビジョン方式のシステムよりシミュレータ開発に携わることとなりました。

　実映像方式のシステムは実際の道路環境を正確，詳細に映像表現できる長所はありましたが，運転操作が画面の動きに反映されず，実際の運転感覚とは程遠いものでした。このシステムで教育を受けた方々の満足度は低く，当時，筆者自身も「これでは教育効果があまり上がらないのでは？」と感じたほどです。

　その後，より効果の高い教育システムへのニーズ，コンピュータ技術の急速な進歩などにより，1991 年，運転操作に応じてリアルタイムに画像を創り出すことで実際の運転に近い体験が可能となるコンピュータグラフィックス（CG）方式のシミュレータが開発されました。日本初の CG 方式によ

る運転免許取得時教習用シミュレータ，DS-5000 の誕生です。

1994 年，シミュレータによる免許取得時教習が正式に認められ，自動車教習所での本格的なシミュレータ教育が始まりました。シミュレータは運転体験ができるだけではなく，運転行動の評価や振返り学習（プレイバック）も可能となるなど，高い教育効果が期待

DS-7000

されましたが，その当時の CG 映像が稚拙で，体験した人に「現実とは随分違う……」などと思わせてしまいました。よって，さまざまな教育場面に対応した教材ソフトウェアの製作とともに，CG 映像のクオリティ向上によるリアルな交通環境の実現が，重要な開発課題となりました。その後の CG 技術の急速な進歩により，今では実写映像と見紛う程のクオリティを実現できるようになりました（写真は最新の CG 方式を採用した DS-7000）。

● 運転者教育用シミュレータの学習機能

筆者が教材ソフトウェアを製作するうえで最も重視するのが，学習目標を達成するために「どのような機能を活用して，より効果的な教育を実現するのか？」といった学習機能に関することです。下記のような機能を実現し，教育手法の幅を広げて，少しでも学習効果の上がる教育用シミュレータを追及することを心がけてきました。

▶ プレイバック機能

初期の CG 方式シミュレータより採用している機能で，体験した危険場面を色々な視点から再生します。自分の行動を客観的に把握する振返り学習が可能となります。

▶ スモールステップ機能

運転者に体験させる危険場面に，似たような複数の状況を設定。スモールステップの原理に基づき徐々に難易度を上げる教育が可能となります。

▶ 混合交通機能

シミュレータネットワークの技術を応用し，複数の受講者が運転する車両を混在させた状況を構築。現実に近い自然な道路交通環境での体験を可能にします。

自動車教習所の運転技能講習

現場の声 8

　都道府県公安委員会が指定した自動車教習所は，初心運転者育成機関として，社会的に大きな役割をもっています。また，指定教習所は違反者，処分者，高齢者講習等の各種法定講習の実施機関としての役割を兼ねています。さらに教習所のもつ施設，機材，知識，技能を活用して，幼児，児童，高校生，高齢者，企業の一般運転者，ペーパードライバーなどに対する交通安全教育を行うなど，地域の交通安全教育センターとしての役割を積極的に活動している指定教習所もあります。

　筆者は，これらの業務の中で，主に安全運転講習を受託する専門部署でバス，タクシー，トラック等のプロドライバーや高齢者，一般ドライバーを対象にした既得免許者に対する講習等を担当しています。併せて，国土交通省の認定事業である適性診断，運行管理者等を対象とした講習に従事しています。

　講習では，実際の道路交通の場で運転をしているドライバーは，過去の経験等により確立された運転に対するプライドが見え隠れしており，新たな知識や技能の修得を阻害しているように感じることがしばしばあります。また，ドライバーは指導員の評価を意識した心理からか普段の運転とは違った，俗に言う「よそ行きの運転」を行うことが少なくありません。このような問題点に対応するために最も大切にしているのは受講者と打ち解けた受講環境を築くことです。受講者が日常の運転ぶり，業務状況その他の内容を気軽に話せるようにコミュニケーションを図り，リレーションシップを形成することです。そのためにはカウンセリングやコーチング等の手法を取り入れながら双方向型講習を展開し，安全行動を主体的に実践するための気づきを促す教育がよいということを筆者は日本交通心理学会に入会して学びました。

　また，受講者の運転を評価する際には，交通危険学に基づき，見通しのきかない交差点等の危険が予測される場所で，速度行動と安全確認行動の連動や危険予防動作であるブレーキの構えとの連動など，危険防止に必要な複合的予防動作ができているかどうかを観察して評価しています。

　このような運転行動を評価するために筆者の自動車教習所では，運転技能自動評価システム「Objet（オブジェ）」を用いています。オブジェは，受講者の頭部（写真）に装着したセンサで安全確認の方向，タイミング，回数，時間，深さを計測し，右足つま先に装着したセンサは危険箇所でのブレーキの構え等の事故予防動作の有無を計測します。また，GPS装置を利用して，車の位置情報および走行速度や一時停止交差点での停止状況等の速度情報を計測します。これらのデータを解析してドライバーが道路上の交差点にお

いて最低限為すべき安全確認，速度および減速に関する項目について，自動的にかつ客観的に評価します。

解析データは，波形グラフや棒グラフで図示され，受講者個々の危険回避運転の達成度や運転の特徴・傾向を把握することができ，受講者と話し合う際の材料になります。さらに，総合評価として，

頭部センサ

交差点毎の評価を平均して，良好なほうから「A」〜「E」の5段階尺度で表します（下の結果票）。この評価結果票を見せるだけでも受講者自らの気づきによって運転行動に変化が表れることもあります。指導する側は，受講者の理解度，納得度を確かめながら，モチベーションを高めて，今後の運転に反映するようにサポートしています。筆者は交通心理学を始め，安心・安全につながる知識をたくさんもっておくことが指導者としての最低限の準備であると考えています。

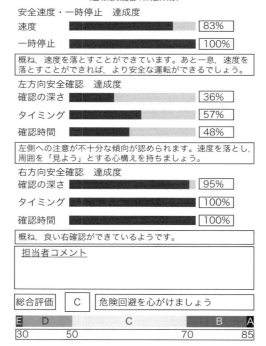

現場の声 9

JAFと自動車安全運転センター中央研修所

●「交通心理学」の市民権は？

筆者は1980年より6年間心理学を学び、その後1987年から26年間JAF（日本自動車連盟）で主に交通安全啓発等の業務を経験、現在は自動車安全運転センター安全運転中央研修所（中研）非常勤講師、ほか安全運転関連のフリー活動をしています。

JAFでの業務は専ら日々の課題との向き合いで、道路交通に関する諸問題、たとえば環境保全（エコドライブ）や点検・整備、自動車関係諸税に関する要望、道路通行料金、ITS、車両の機構や歴史にも及びました。一見無関係のようにみえても、交通心理学で学んだ「人」に関する事柄は暗に随所で役立ちました。

たとえば「エコドライブ」講習では、運転スタイルの修正に気を取られて運転操作への注意がそれる等の影響が懸念されたので「無理強いはせず、安全最優先で慣れを待つ」指導としましたし、安全運転講習の機会に「自動ブレーキ」体験を含めた際には、通常の安全態度をもつ運転者に「何も操作せず目標物めがけて走る」指示に何か違和感を覚え、受講者を惑わすことのないような解説に苦心したりもしました。

1990年代当初、着任先の上司に経歴を問われ「交通心理学」と答えたら「占い」扱いされて半ば呆れたこともありましたが、未だに社会科学や心理学が正確な認識をされずにいる場面（読心術や超心理学との混同）もあるようで、理解を得る努力は不可欠と感じます。

● 視野を広くもつ

学生の頃は、交通心理学や人間工学等の応用系の資料も少なく、文献検索には苦労しました。勢い、近隣領域や他学部の講義にも貪欲に関心が向きました。心理学者ではないですが科学的な論拠に興味を惹かれた方の一人に、加藤正明先生（故人、日本ハイウェイセーフティ研究所）がいます。初心ドライバーの身には「実際の事故を通じ、運転行動を科学的に分析し回避策を説く」という論法や海外先進国の事例情報に説得力を感じたものです。

この約半世紀の日本は自動車社会の伸長期で、事故抑止策においても科学的理解に基づく運転者教育や参加・体験型の啓発活動が重視され、心理学的な要素も注目を浴びました。現在縁をもつ「中研」もその好例に漏れず、心理学的内容は当初から現在までカリキュラムの「キモ（大事な部分）」となっています。

● JAF の運転実技講習

　JAF では日本自動車工業会と共催（後に全日本交通安全協会も参画）の機会を得て，1991 年から「セーフティトレーニング」等の運転実技講習を行っています。このカリキュラムにも心理学に関わる注意や反応を運転に応用した課題が含まれています。一例として，走行中の車両前方に提示される指示（信号）に応じて瞬時に左・右の操舵や急制動を判断し動作するという心理学の「選択反応検査」課題の実車版があります。たとえば左側の信号が点灯したときは右側にハンドルを切るといった具合です（図参照）。

　この課題は一見「操作スキル向上の練習」にみえますが，半日や 1 日程度の短時間で向上は見込めません。伝えるべきは「難しさを知ることが大事で，限界まで自分の運転を追い込んではならない」ということで，学習や発達についての心理学的知見を応用し，過信を招かないような説明が必要とされます。

　経済発展途上国からこの講習の視察を受けた際には，「実施の歴史的背景や内容のもつ意義」を併せて正確に伝えるよう努めました。「生兵法は怪我のもと」と言いますが，表面的な運転技能を伝えるだけでは相手をミスリードする懸念があります。

　一般向けの講習では先ず「いかなる現象が，なぜ起きるか」を簡潔に解説した上で「身近な解決策」を添えることが肝要です。「難しいことを難しく言うのは容易で，簡単に述べることこそ難しい」とも言います。研究とは異なる「実務の妙味」は，この辺ではないでしょうか。

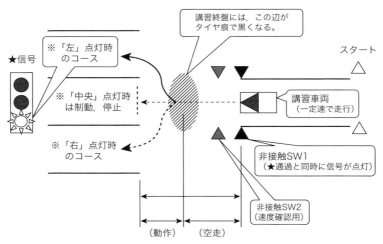

注）SW＝スイッチ

「選択反応」を応用した講習例（俯瞰図）

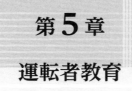

第 5 章

運転者教育

活かせる分野

1 節　運転技能の習得

1．運転免許制度

　自動車を運転するためには運転免許を受ける必要があります（道路交通法第 84 条）。運転免許を受けるための試験は，自動車等の運転に必要な適性，技能，知識について行われます（同法第 97 条）。普通自動車第一種運転免許では，受験資格の年齢は 18 歳以上であり，運転免許試験場等で実施される試験に合格をすれば運転免許証が発行されます。

　現在では運転免許の取得を志す人の多くが自動車教習所に通っています。自動車教習所は免許を受けようとする者に対し，自動車の運転に関する技術及び知識について教習を行う施設（道路交通法第 98 条）であり，自動車を正しく安全に運転するうえで必要となる技能や知識の養成を行います。

　自動車教習所の設置には，管轄する公安委員会への届け出が必要です。また，設備や職員等に関わる基準を満たしている場合，公安委員会は指定自動車教習所として指定をすることができます。指定自動車教習所を卒業後，一年以内であれば運転免許試験場等での技能試験が免除され，学科試験や視力等の適性試験に合格すると運転免許証が発行されます。このような指定自動車教習所制度は 1960 年（昭和 35

年）に発足しており，運転免許取得前に充実した教習プログラムのもとで学ぶことができるようになっています。

　指定自動車教習所では規定された時間や日数の範囲内で運転者教育が行われます。普通免許の場合，技能教習の時間は 34 時限（オートマチック車限定の場合は 31 時限），学科教習は 26 時限です。技能教習についてみると，基本操作や基本走行を第一段階として 15 時限学び，最後の教習で教習効果の確認（みきわめ）を行います。良好な成績を修めた場合には，第二段階の応用走行（19 時限）に進みます。第二段階の最後にも教習効果の確認（みきわめ）が行われます。成績が良好であれば技能教習は修了です。学科教習も含めてすべての教習を修了すると卒業検定が受検できます。卒業検定に合格すると卒業となります。

2．運転技能とは

　運転免許に関わる制度面について先に概観しましたが，そもそも運転を行ううえで必要な技能とは何でしょうか。松浦（2005）は運転技能を次のように定義しています。

>　運転技能とは運転の技能訓練や関連する知識の学習および実際の運転経験によって獲得されるもので，運転行動の中に現れる。この運転技能は主として安全に車を運転するのに用いられ，様々な環境の中でその目的を効率よく実現させるものである。

　この定義からは，運転技能はさまざまな環境の中で安全に運転をしていくために必要なものであり，単にハンドルやアクセルの操作ができるということだけではないことがうかがえます。運転技能の分類方法についてはさまざまな考え方がありますが，松浦（2005）は次の4つに分類する方法を提案しています。

　　①運転操作技能
　　②知覚技能
　　③認知技能
　　④社会的技能

それぞれの技能について確認しましょう。運転操作技能とはハンドルやアクセル，ブレーキ等の操作を通して車両を制御する技能を指します。道路線形に応じたハンドル操作，カーブでの速度調整，方向指示器を用いた合図の呈示等の技能に相当します。

　知覚技能とは視覚や聴覚等を用いて，運転を行ううえで必要な情報を入手する能力を指します。横断歩道や標識，信号機の発見に加えて，歩行者や駐車車両の陰，見通しの悪い交差点等の事故につながる可能性のある交通参加者や交通状況，道路環境であるハザードを発見することも含まれます。

　認知技能は思考や判断，意思決定，問題解決等の高次の精神過程を基礎とするもので，ハザードを知覚した後で，今後運転を継続するにあたり，そのハザードがどの程度危険であるかを評価する能力であるリスク知覚や，評価の結果に基づく適切な行動選択が含まれます。

　社会的技能は他の交通参加者との間で行われるコミュニケーションに相当します。道路は他の交通参加者と共有する公共空間です。自分の意志を相手に伝えたり，相手の意図を読み取ったりすることで，交通の安全性や円滑性を保つことが可能になります。

3．運転技能の習得

　これらの技能はどのように習得されるのでしょうか。ラスムッセン（Rasmussen, 1986）によれば，人間行動は一般的に知識ベース，ルールベース，スキルベースの3つのレベルに分類することができます。知識ベースは不慣れな状況において，ゴールを達成するために必要な手順を計画して実行していく行動です。ルールベースは慣れた状況において，これまで獲得したルールや手続きを活用して実施する行動です。スキルベースは意図を形成すると，意識的な制御をしなくても実行できる自動化された行動を指します。知識ベースの行動であっても，経験や習熟を通してルールベースやスキルベースに移行していきます。

　ブラウンら（Brown et al., 1987）は，自動車運転における技能習得について説明しています。最初の段階は指導者の説明に従いながら運転操作を行い技能を習得していきます。基本的な運転操作技能を繰り返し経験することで，行動がルールベースに移行します。この段階では他の交通参加者への対応に注意を向けることができるようになり

ます。その後，運転操作はスキルベースに移行をして自動化していき，ぎこちない動作が減っていくようになります。先に示した4つの運転技能の観点からみると，運転操作に関わる技能が最初に習得され，それ以外の技能の習得には時間を要するとスマラ（Summala, 1987）は指摘しています。

指定自動車教習所で行われる運転者教育は，実施をする時間が限られています。また，運転免許技能試験の基準は，安全運転が可能な必要最低限の運転技術が身についているか否かであり，安全に運転を行ううえで十分な技能の習得までは求めていません。このため，初心運転者は運転技能の獲得が十分でないまま交通社会に参加をしていることになります。それゆえ初心運転者の特徴を確認することは，各運転技能の獲得の状況を理解する手がかりになります。

4. 初心運転者の特徴

(1) 運転操作

運転操作技能に関連して，シナーら（Shinar et al., 1998）は初心者と熟練者を対象に，マニュアル車とオートマチック車の運転を求め，あわせて指定した標識を発見した際に報告するよう求めました。その結果，標識の報告数は熟練者が優れており，初心者はマニュアル車運転時において報告数が減少しました。ギア操作を必要とするマニュアル車の運転は，運転者の注意資源を必要とし，他の作業の成績を低下させます。その他にナビゲーション等の車内機器を利用する際や混雑した道路を運転する際も，多くの注意資源が求められます。このような状況下では運転操作に影響が出やすいといえます。

また，小島・永井（1998）は山岳道路のカーブ区間を対象に，左右カーブを走行する際の初心者と熟練者の速度制御や方向制御の特性を調べています。そして，熟練者は速度を大きく落としながら徐々にハンドルを切って流入している一方，初心者は速度が高いままハンドルを大きく切り，大きく減速をしながら流入していることを確認しました。カーブの曲がり具合や勾配の大きさに対する認知が的確でないことが要因と考えられますが，この結果として前後加速度と横加速度の合成加速度は初心者のほうが高くなっており，下り勾配のカーブ区間での事故が多い理由になりうると説明しています。

（2）注視行動

　運転者は外界情報の多くを視覚により取得します。人間の視力は正面が最も高く（中心視），周辺部にいくにつれて急激に低下します。それゆえ重要なものは中心視でとらえる必要がありますが，経験にともなって視覚探索はどのように変化するでしょうか。モーラントとロックウェル（Mourant & Rockwell, 1972）は，一般道路と高速道路を走行した際の眼球運動を記録しています。その結果，一般道路において初心者は注視の範囲が狭く，注視点の中心は熟練者よりも右側によっていました（右側通行）。また手前を注視する傾向があり，ミラーの注視頻度が少なく，速度計の注視頻度が多い傾向にありました。初心者は車の速度や位置の制御に手いっぱいで多くの情報を収集できていないと考えられます。

　佐藤（1993）は一車線道路，二車線道路，市街地の走行を求めた際の初心者と熟練者の注視行動を調べています。そして熟練者はいずれの道路でも幅広く注視をしている一方，初心者は一車線道路と市街地では左方向への注視分布の偏りがあり，二車線道路では前方に注視点が集中し幅が狭い傾向にありました。またフロントガラスに取り付けた LED の点灯状況の確認課題では，正面を起点に 15 度以下，15〜19 度，20 度以上に設置したすべての LED の点灯に対し，初心者の報告数は少なく運転中に利用可能な有効視野が狭いことがわかります。

（3）ハザード知覚能力

　小島（1997）は初心者の特徴として安全上重要でない対象への注視や重要な対象の見逃しを確認しています。これは注視対象に対する危険性の評価能力が確立していないためと指摘しています。

　注視行動が異なることにより，ハザード知覚能力も影響を受けます。スキャルファら（Scialfa et al., 2011）は短時間のビデオ映像を提示し，映像内において自動車と衝突をする可能性のある他者を検出するハザード知覚テストを開発しました。初心者と熟練者を対象に実施をしたところ，初心者はハザード検出に要する時間が長く，見落としが多いことを明らかにしています。

　レンゲ（Renge, 1998）は車載カメラより撮影した日中，夜間の動画を提示し，危険感，どの程度安全に運転をできるか，映像内のハ

ザード，走行速度について回答を求めました。対象者は教習所の教習生，ペーパードライバー，初心運転者，熟練運転者，教習所の指導員であり，運転経験の影響を調べています。この結果として，経験が長くなるにつれて昼間，夜間ともハザードを正確に検出していました。また，目に見える顕在ハザードと，見えない場所に潜む潜在ハザードのいずれにしても経験の長い運転者のほうが適切に検出しています。さらにハザード知覚と他の指標の相関を調べた結果，ハザードをより正確に検出している人はリスクを高く評価しており，走行速度を低下させると回答していました。安全運転の自信はこれらとの相関はみられませんでした。初心者はハザードの検出得点が低いことから，ハザードを見逃しやすいといえ，結果的にリスクも低く評価する傾向にありました。

(4) 運転中のコミュニケーション

　他者とのコミュニケーションについて，蓮花（1996）は運転中におけるさまざまなコミュニケーション場面を撮影したスライドを提示し，理解状況を調べています。この結果として，方向指示器を用いた右左折のような公式装置を用いた合図は初心者でも理解が容易ですが，遅い車へのパッシングや追越車線での右方向指示器による追い越したい意図の明示など，装置を目的外に使用する非公式な合図については初心者の理解度が低くなりました。公式でない合図については理解をするためにある程度の経験が必要であるといえます。

5. さまざまな教育方法

　日本では，運転免許の取得を希望する場合に，多くは自動車教習所に通います。しかし，運転者教育の方法は各国でさまざまです。段階的運転免許取得制度（Graduated Driver Licensing: GDL）は，運転免許を取得する際の仕組みとして1987年にニュージーランドで開始され，豪州や，北米，欧州の一部で導入されています。同乗者の指導や一定の制限下での運転を許可することで運転経験を積ませ，その後に本免許を発行します。これにより初心運転者の経験不足にともなう交通事故を回避しようとするものです。本免許の取得前に2つの段階を経ることになりますが，段階1は同乗者からの指導を受けながら行

う運転で，段階2では同乗者の管理下にない場合の夜間運転や若者の同乗が制限されます。これら2つの段階で1年半から2年以上運転を経験することで本免許の取得に至ります。指導を行う同乗者の年齢や経験等の資格要件や，運転の制限の具体的な内容，各段階の期間等については実施をしている国や州によりそれぞれ独自に定められています。

　GDLの効果に関する研究は数多くありますが，研究結果のレビューを行ったショープ（Shope, 2007）や岡村（2012）は，いずれもGDLに高い事故防止効果が認められることを確認しており，運転経験を積むことの有効性は明らかです。ただし，GDLが普及をした背景として，岡村（2012）は，導入されている国や州において家族等の大人から受ける私的な訓練が一般的であることを指摘しています。日本では自動車教習所での教育を経て，運転免許を取得する場合が多いため，本免許を取得する前に練習時間をより長く確保することは，利用者の負担増につながることが予測され，現状の仕組みには馴染みにくいと述べています。

　運転をより幅広くとらえて，初心者教育プログラムを作成しようとする試みもあります。ハタッカら（Hatakka et al., 2002）は運転行動の階層モデルに基づき安全なドライバーを作るうえで教えるべき点について，GDE（Goals for Driver Education）フレームワークを用いて整理しています。ベースとなる階層モデルでは，運転行動を4つの階層でとらえます。具体的には，最下層の第1階層にあるのが「運転操作」であり，その上の第2階層には「交通状況への適応」が位置づけられます。さらに上の第3階層に位置づけられるのが「運転の目的と文脈」であり，最上位の第4階層には「人生の目標と生活のスキル」が位置づけられます。

　上位の階層は下位の階層を制御します。たとえば，第2階層の危険予測に優れていれば，前もって対応をすることができるので，第1階層の運転操作能力が優れていなくても事故への遭遇を防ぐことができるでしょう。また，ゆとりをもって運転をしたいと思い，早めに出発すれば（第3階層），狭い裏道を走る必要もなくなり，結果的に危険予測や対応動作が求められる機会が減少します。また，早めに出発できるかどうかは第4階層の日頃の生活スタイルが影響するでしょう。こ

こからもより上位の階層に対する教育が必要になることがわかります。

GDEフレームワークは各階層において教えるべき内容を示したものであり，各階層において教育すべき「知識やスキル」や「リスク増大要因」と，「自己評価」をして自己理解を深めるべき事項について整理し，それらの教育の必要性を示しています。実際にGDEフレームワークを用いた運転者教育と運転者テストに関する研究や開発プロジェクトは数多く実施されています（Keskinen, 2008）。

運転技能の習得を導く教育の目的は，より安全な運転者を育成していくことにあります。各国の取り組み内容はさまざまであり，交通の状況も異なるため相互の比較は困難な面もありますが，技能の向上だけでなく，自己評価スキルを高めることで技能の活用方法を考えさせるという視点は参考になります。カティラら（Katila et al., 1996）は凍結路面での運転方法を学ぶスキッドトレーニングが初心運転者の運転操作技能に対する自信を高める結果，速度超過等の安全余裕度の低い行動を引き起こすと指摘しています。運転技能だけでなく，安全態度や動機づけに働きかける教育の重要性が増しているといえるでしょう。

2節　運転者の再教育

1．ドライバーの運転行動観察

交通違反別に事故割合をみると1位が最高速度違反，2位が一時停止違反となっています（内閣府，2015）。筆者による一時停止行動の観察結果（太田・長塚，2004）では85％ものドライバーがしっかりと一時停止をしていませんでした（図5-1）。もちろん交差点の違いによってこの数値は異なる可能性がありますが，一時停止交差点でしっかり止まってしっかり確認したうえで発進する人は大変少ないのです。中には歩行者がいるにもかかわらず，それを無視するかのように速度も落とさずに通過する車を何台も観察しました。ハインリッヒ（Heinrich, 1931）は労働災害の調査をもとに「ハインリッヒの法則」という経験則を見出しました。それは，1件の重大事故の背景には29件の軽微な事故があり，その裏にはケガはないがひやっとした300件の体験があるというものです。1件の重大な交通事故はある日突然に起こるので

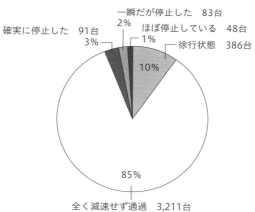

▲図5-1 一時停止交差点（観察対象交差点）と一時停止実態調査結果（太田・長塚，2004）

はなく，日頃何らかの予兆があります。上述した一時不停止の実態はいつか事故が起こることを予見させる結果でもあり対策が急がれます。

2．不安全運転の背景にある心理

なぜ危険な運転をするのでしょうか。理由を考えてみましょう。

（1）学習理論から考える

繰り返し不安全な運転を繰り返しても事故に遭わないという結果オーライの安易な気持ちが問題です。速度オーバーをすれば必ず事故が起こるわけではありませんし，一時停止しなかったからといって自転車や歩行者が必ずそこにいて事故につながるともかぎりません。しかし，それは偶然であったことを忘れがちです。不安全な運転をして

第5章　運転者教育　87

いても特に問題が起きなければ次第にその行動は固定化されます。特定の行動が学習され固定化してしまうプロセスを心理学の学習理論で説明すると次のようになります。危険な行為をしても罰を受けなければ（これを学習理論では「負の強化」とよびます），その行為は持続し固定化するということです。さらに，スピードオーバーしたら約束の時刻にうまく間に合ったとか，カーブを速度も落とさず曲がりきるなど危険な運転をすることで同乗している仲間から賞賛を受け，得意げに感じるといった何らかの報酬を受けるなどの経験（これを「プラスの強化」といいます）が繰り返されるとそのような運転行動が学習され固定化し習慣化されてしまいます。

(2) 認知バイアスから考える

「認知バイアス」とは，認知心理学や社会心理学の理論であり，ある対象を評価する際に，自分の利害や希望にそった方向に考えが歪められたり，対象の目立ちやすい特徴に引きずられて，ほかの特徴についての評価が歪められる現象を指します。要するに主観的な考えが客観的事実とは反する現象です。人間は，あることを評価するにあたって，他のひとの意見に影響受けたり，自分の利益や希望通りにしたいがために事実を歪めたりすることがあります。直感や先入観，恐怖心や願望が論理的な思考を妨げるのです。「認知バイアス」にはさまざまな種類があります。例をいくつかみてみましょう。

たとえば「リスキーシフト」があります。これは，「赤信号みんなで渡れば怖くない」という心理です。普段は安全で節度を守って行動することのできる人が，大勢の集団の中では，極端な言動や行動について特に気にかけもせずに同調したり，一緒になってそれを主張したりするようになっていくことがあります。そのような状況では安全意識が背景に退いてしまいます。

「正常性バイアス」は自然災害や事故・事件などといった何らかの被害が予想される状況下にあっても，自分にとって都合の悪い情報を無視したり，「自分は大丈夫」「今回は大丈夫」などと過小評価したりしてしまう心理です。東日本大震災での大津波による被災の背景に「正常性バイアス」の存在が指摘されました。

「オプティミズムバイアス」も事故や災害の原因です。過信による問

題のことです。私たちは自分の運転技能をどの程度正しく評価できるでしょうか。自分の運転についての自己評価の妥当性を調べた研究が多くありますが，運転者は自分が他の運転者よりも安全だと思い，事故の可能性は少ないと回答する傾向が認められます。なぜ危険な行動を行うのかといえば，危険と感じないからという理由もありますが，危険と思っても自分にとって対処可能だとの認識があるからでしょう。1980年代に北欧で若いドライバーを対象にスキッドトレーニング（雪道で走行中にスリップした際のハンドル操作やブレーキ操作による車の立て直し方の訓練）が行われました。ところが，その結果スリップ事故が減るどころか却って事故が増えてしまったのです。原因を調査したところ，トレーニングに参加した若いドライバーたちに「過信」が生まれてしまったためだということがわかりました。トレーニングに参加した若いドライバーたちは，雪道を走る際に習い覚えた運転技能を試したいとの思いから，速度も落とさずにカーブを曲がりきろうとしたのです。しかしながら覚えたはずの運転技能は役に立たなかったのです。この失敗によって，運転技能教育の際には正しい自己評価力も合わせて教育しなければならないという教訓が得られました。過信傾向はドライバーの間では共通する特徴のようです。事故を起こす可能性を訊ねると，自分は人より可能性が低いと答える傾向がありますし，自分は人より安全な運転をしていると考えるようです。このことを「オプティミズムバイアス」とよんでいます。この過信傾向は運転免許取得後間もなく始まるようです（松浦，1999）。

3．再教育の必要性

　運転免許証を取得したということは，一人前のドライバーとして運転してもよいというお墨付きをもらったことを意味しますが，これで安全ドライバーが完成したかというとそうではありません。それは，前項でもみたように，一般公道を走るドライバーの姿を観察しますと危険な運転ぶりがいたるところで認められることからもわかります。教習所では基本的な運転技能とともに安全運転についてのさまざまな知識を勉強したはずです。そして，試験に合格したということは安全運転の知識技能が一定水準に達成したことを認められたということです。ところが，教習所を離れて間もなく不安全な運転へ変容してしまうの

はなぜなのでしょうか。

　前項で述べたように，一般公道を運転しているうちドライバーたちはさまざまな認知バイアスを背景にして危険運転の傾向が増してきます。教習所卒業間もないころは運転技能の自己評価は低く，運転への不安なども強いようですが3～4年のうちに自己評価は上昇し，過信へと向かう傾向にあります（松浦，1999）。過信は事故の主要原因の1つなので，教習所での初心者教育と合わせて，運転免許取得後の再教育が強く求められます。

4．交通安全再教育のパラダイムシフト

　交通安全再教育は運転免許更新時の他に，交通事故や交通違反者を対象とした講習会，企業内教育，地域での交通安全教室，また近年は高齢者の交通事故多発にともない高齢者対象の安全教育なども盛んに行われています。それらの教育は果たして十分に機能しているのでしょうか。教育効果測定はしっかりと行われているのでしょうか。交通事故発生や，そのもとになるドライバーの運転行動実態をみるかぎり，多くの課題がありそうです。また，上述した再教育のための講習会をのぞいてみると事故統計の話や事故の悲惨なビデオ鑑賞，そして最近はスケアードストレート型教育といって，スタントマンが事故の再現をして見せて事故防止を呼び掛けるなどさまざまな内容があります。それらの講習会では，講師が参加者に一方的に話しかけ，教え諭すといった形式が主流のようです。いわゆるティーチング方式です。

　そもそもこれまでのドライバー教育は，どんなドライバーづくりを目指して行われてきたのでしょうか。「飲んだら乗るな，飲むなら乗るな」や「狭い日本そんなに急いでどこへ行く」の交通安全標語に代表されるように，交通法規遵守精神の高いドライバーづくりを目指してきたように思います。もちろんこの目標は間違いではないでしょう。しかし，交通安全の教育目標と教育内容について，もっと教育の根本からとらえなおしてみる必要があるようにも思います。そして，目標と教育内容を検討したうえで，次にその教育方法はどうすればいいかを具体的に考えなければなりません。そこには，安全運転教育のパラダイムシフト，つまり発想の転換による根本的な見直しが必要に思われます。

本節ではドライバー教育の目標，教育内容，教育方法の3つの観点から新たな交通安全教育について考えてみたいと思います。

（1）安全教育目標

　これまでのドライバー教育をみるとその目標は交通法規の理解と遵守，危険予測力の向上といった安全知識や危険回避技能を身につけることに目標が置かれています。

　しかし，私たちは必ずしも知識や技術が乏しいために危険な行為を行ってしまうわけでもないのです。知識があるにもかかわらず，危険な行為をすることも多いのです。たとえば，黄色信号で多くの車は止まらないし，赤信号に切り替わっているのに交差点を強引に通過する車が見られます。一時停止の標識のある交差点では一時停止しなければならないことは知識としては知っているはずですが，実際にはきちんと止まっているドライバーは極めて少ないのです。このような人々に，すでにわかっていることについて「一時停止して確認して」という知識教育やお仕着せの遵法精神教育で果たして効果が得られるでしょうか。

　では，安全教育目標をどのように考えるべきでしょうか。換言すれば，目指すべき真に安全なドライバーとはどのような姿をもっていると考えるべきでしょうか。筆者は高い「自己評価技能」をもったドライバーと考えています。自分の安全度（あるいは危険度）をしっかりわきまえることで，自分の行っている運転行動を客観的にとらえ，自分の行動を制御できるドライバーをつくることを目標とすべきだ考えます。クレベルスベルグは「安全は主観的な安全が客観的な安全と等しいか，若干下回るところに実現される」(Klebelsberg, 1982/1990)と述べています。過大な自己評価の危険性は北欧でのスキッドトレーニングの失敗についてお話しした通りです。この目標は，EU諸国でもドライバー教育の目標として掲げられました（HERMES, 2010）。この目標は，認知心理学でいう「メタ認知」能力にあたります。「メタ認知」とは，車の運転を例にとれば，運転での自分の危険性を理解したうえで，運転中に危険な運転を行っているときの自分を感知（モニター）し，自らを安全行動へと引き戻すことのできる一連の能力のことです。メタ認知ができることは，イライラしている自分に気づき，落

ち着きを取り戻すことで人との滑らかなつきあいを取り戻すなど，社会生活では欠かせない能力です。安全教育は本来，外側からの指示命令ではなく，自分を理解し，自分自らが自分の姿をモニターしつつ安全な行動へと修正することができる技能を身につけていくことを本来の目標とすべきです。

(2) 安全教育内容

「メタ認知技能」教育とは具体的にどんな内容なのでしょう。EUでのHERMESプロジェクトを紹介しながら見て行きます。表5-1はプロジェクト報告においてGDE（Goals for Driver Education）マトリックスと名付けられた初心ドライバーへの教育内容です。安全教育内容は3×4のマトリックスで示されています。

内容はレベル1からレベル4まであって，レベルごとに学ぶべき知識技能，発生しうる危険，そして自己理解からなります。ドライバー教育内容は運転技能や法規，そして危険予測（レベル1とレベル2）にとどまりません。目的地に行くのに，いつ，どんなルートを選ぶかの安全にとっての適切な運転計画や，運転中に起こる他のドライバー

▼表5-1　GDEマトリックス（HERMES, 2010）

	知識と技能	危険増加要因	自己評価
IV　個人的特性，欲求，適性（一般）	運転に影響する感情コントロール，価値基準，性格（生活の仕方，目標，価値観）	危険傾向（危険受容，危険嗜好，飲酒，反社会的）	イライラ傾向，感情コントロール，危険敢行，不安全傾向
III　運転の目標と内容（戦略的レベル）	路線選択，到着時刻評価，仲間や他者からのプレッシャー，運転の必要性評価	運転者の体調，路面条件，交通状況，競争心	運転計画，運転時の危険敢行傾向
II　運転場面・状況把握（戦術レベル）	運転規則，適正速度，他者との意思疎通，危険予測	決断の悪さ，荒い運転，交通弱者，過剰な情報，雨や雪道	運転技能評価，運転のくせ，車間距離
I　基本的な運転技能（操作レベル）	知識・技能（ポジショニング，摩擦係数・空気圧，車両特性）	不十分な自動化（不慣れ），雨や雪道，座位，不適切なシートベルト	基本技能，危険な状況での対応力，自分の運転技能

から受けるストレスへの対処技能や焦り・イライラなど運転に及ぼす悪影響やその対処について（レベル３）も学習すべき内容です。さらには，日常の生活態度・感情コントロール力といった性格的な問題と運転との関係について（レベル４）も学習内容として示されています。そして，これら４つの水準各々について自己理解についても教育の内容に含めるべきだとしています。たしかに，運転の安全性に影響を及ぼす要因は，ハンドル操作やブレーキ操作などの運転技能の高さのみではなく，感情的になりやすいなど，より高次なレベルの心のあり方も要因として重要です。イライラしたり焦ったりすれば，速度オーバーや狭い車間距離で運転することになりがちです。４つのレベル各々について，自分の特徴をきちんと理解することは安全ドライバーとなるための必須内容です。自分の欠点を知らなければ，危険運転傾向はそのまま持続することになります。「メタ認知」がしっかりとできるドライバーでなければ不安全運転への気づきもできないし，安全運転への修正は望むべくもありません。

（3）安全教育方法

ドライバー教育が運転技能や法規の知識教育にとどまらないことをみてきました。感情コントロール能力は交通参加者としての安全に必須の内容です。最後に，教育方法をみてみましょう。これまでの教育方法は基本的にはティーチング（教え込み）です。知らないから教えるという考え方です。たしかに，始めて運転を習う人は車の動かし方すらわからないので，教え込むしか方法はないでしょう。しかし，先にみたように，運転ぶりは運転技能のみで決定されません。イライラや焦りなど感情面が危険運転につながらないような自己コントロール力も必要です。このレベルになるとティーチングでは学習が困難です。「あなたはすぐにイライラする性格だから，運転中は感情を抑えるようにしなければなりません」と教え諭したとしても簡単に実行できるとは思えません。人は他人からの指摘によっては容易に変わらないからです。自分自身で気づくことで初めて自分を変化させようという気持ちになるのです。

ティーチングの限界性を補う教育方法として，「コーチング」という教育方法が注目されています。「コーチング」とは，学習者が問題解決

にあたって自分自身のもつ知識・技能（認知心理学では「リソース」とか「資源」とよぶ）を利用して自ら気づきをもたらすことを支援する教育方法です。「コーチング」のキーワードに「(教師と学習者の間の) 対等な関係」と「学習の責任」があります。教師と学習者の間に上下関係が意識されることは学習者に不安や緊張を生み出します。なにせ教師は自分を判断・評価するのだから「おっしゃる通り」にしなければならないし，学習者は言われるがままに素直でなければならないのです。そのような関係のもとでは，学習者に緊張と不安をもたらして学習効果の低下が起こるし，少なくとも表面上は「おっしゃる通り」にすればいいのだから学習の責任感も低下します。それに対して，「コーチング」のベースとなる対等な関係は生徒をリラックスさせます。リラックスした雰囲気からは自分の意見も出しやすいし，本音も出やすいし，学習の主体としての意識をもつこともできます。学習の主体性・責任感は学習効果を高めるという図式です。自分の思い込みによる「自分の運転の安全性」の妥当性を考える余裕も出てきます。教師と学習者の間の，この平等な関係の中で自分のしていることの是非を問い，修正を自らが行う訓練が繰り返し行われるのです。自分の行動についての自己評価技能つまり「メタ認知技能」はこのような対等な関係の中からつくられます。「コーチング」では「自分を自分の教師にする」ための自律型ドライバー教育を目標にします。つまり，「コーチング」では，他人からの押しつけではなく，常に自分の運転ぶりの安全性を自らが評価し，安全運転ための目標を自らが設定して学習の主体となるよう支援が行われます。このような理由で「コーチング」は「ティーチング」に代わる教育の基本的考え方と教育方法として，今注目されるに至っています。

警察の運転者講習

「赤信号で止まる」ことは，誰もが知っていることです。しかし，わかっていながら実行せず，「止まらない」あるいは「止まれない」人が大勢います。普段の生活では，人が行動をするときに自由な選択肢がありますが，道路を通行する際には，交通ルールに従って決められた行動をとることが求められています。そのため警察では，交通に参加する人にとって必要な知識や行動習慣を習得する方法に焦点を当てて，講習を実施しています。

● 講習の種類

警察が実施している運転者に対する講習には，

- ▶ 運転免許試験合格の際に実施している取得時講習
- ▶ 運転免許証を持っている人は全員が受ける，①5年（3年）に一度更新の際に実施している更新時講習，②同じく更新の際に一定の年齢に達した高齢者に実施している高齢者講習
- ▶ 事故や交通違反によって一定の基準に達した人に対して実施している，①初心運転者講習，②違反者講習，③停止処分者講習，④取消処分者講習

などがあります。また，平成27年6月からは，自転車の運転者が信号無視など一定の違反を繰り返した場合にも，講習を受けることとなりました。

これらの講習の中で，特に心理学の技術や知識を活用しているのが，取消処分者講習です。取消処分後，再度免許を取ろうとするときに必要な講習で，平成2年から始まりました。従来からあった停止処分者講習の講習内容のうち，理解度確認のために実施していた考査（テスト）を講習科目から除いて，運転適性や実車診断の結果から自分の特徴や癖を理解して，自らカバーする方法を考えて運転をしてもらうといった点に焦点を当てた講習内容となっています。また，自覚を促すために適性

取消処分者講習
ディスカッション時には机の並べ方や指導員と講習生の位置関係にも配慮する必要があります。

診断や技能診断などの講習科目で，カウンセリングの技術や手法を取り入れています。

　この講習は，平成24年に細分化され，飲酒運転で免許取消になった人は，飲酒に関する内容の講習を受けることとなりました。そこでは，飲酒の検査をしたり，飲酒に関するワークブックを使って，日記形式で飲酒量や飲酒の仕方などを記録したりします。また，ブリーフインターベンション（短期カウンセリング）を用い，アルコール依存の程度を自覚し改善を促すとともに，飲酒運転に関するディスカッションを通じて，飲酒と運転を切り離す方法を探っていきます。

● 講習の課題

　各種講習を行うにあたっての課題の1つは，講習を受講して終了証明書をもらうことが受講者の本音で，安全運転について勉強をしたいとか，自分自身の特徴や癖について知りたいという意欲を最初からもって受講に来る人が少ないことです。講習の目的を明確に示し，受講意欲をもたせる心理学的な技術や手法を，指導する側がもっと習得しなければなりません。

　もう1つの課題が講習指導員の育成です。警察で実施している講習といっても，実は警察職員が直接携わっているのは取消処分者講習と自転車講習だけです。その他は，委託条件を備えている教習所や交通安全協会の職員が行っています。彼らの運転に関する専門性は高いものの，教育を専門的に学んできていません。心理・教育に関わる正確な知識と教育技法を習得する必要が増しています。

　教育技術を高める研修の機会を設けたり，指導や監督をする部署が警察にはあります。筆者は，このような部署で，教育・心理を専門とする心理職の警察職員として活動しています。委託先の講習指導員に運転適性検査や検査器材の適切な取り扱いと指導方法を習得してもらうことは筆者の大きな役割の1つです。たとえば，取消処分者講習で行うディスカッションでは，カウンセリング技術や技法を指導し，シミュレーター教材を用いた指導場面では，危険場面の体験に留まらせることなく，「行動分析」における「行動変容」のプロセスを理解したうえで，実際の運転場面でも応用できるよう指導しています。指導員育成の研修プログラムを確立していくことも課題の1つです。

自動車教習所のコーチング技法を用いた教育

● はじめに

　自動車教習所が最も気にかけている数字の1つに卒業生の事故率があります。交通事故を起こさないドライバーを育てるには，どうすればよいのか。自動車教習所の経営者として，勉強する機会を得るために日本交通心理学会に入会し，交通安全に関する知識やさまざまなアプローチを学び，重い責任を感じながらこの問題に取り組んできました。

　初心運転者は一般の運転者よりも事故率が高いことが報告されていますが，教習内容次第で事故率を下げることが可能なのでしょうか。初心運転者の事故発生要因として，技量未熟または経験不足に起因するものもありますが，その多くは無謀な運転や，自分の技量を過信して発生しているのではないでしょうか。統計ではっきりと出ているわけではありませんが，教習内容をよくすることで事故率を下げることができると信じて日々努力する必要があります。

● 主役は誰

　教習生は，自動車教習所に在学中は制限速度も守りますし，停止線でもきちんと止まります。しかし，エドワーズ（Edwards, 2013）によると，「生徒はいったん試験に合格すると，学習したことの多くを忘れ，指導員が決して指導していない方法で運転している」という現実があります。確かに，卒業してしまうと今まで練習してきたことを忘れてしまったかのようにいい加減な運転をする方が多いように思います。もちろん在学中にいい加減な運転をしていれば卒業できないわけですから，我慢しているのでしょうか？　一般のドライバーを見ていて，そこまでしなくても大丈夫だと思っているのでしょうか？　運転者教育を担っているものとして，これほど悩ましいことはありません。大切なことは，教習生が免許取得後に安全運転をするために，どのようにすればよいかを考える習慣をつけるような教習内容にすることだと思います。

　教習の主役は教習生です。指導員の指示や指摘だけでは，教習生が考える余地がなくなってしまいます。今だけできるようになっても，卒業後にできなければ意味がありません。指導員は，教習生が何を考えているのか，引き出し，考えさせる工夫をする必要があると思います。

● コーチングとティーチング

　EUにおいて初心ドライバーの教育方針が提案されました（HERMESプロジェクト報告）。この内容は，コーチングを今後のドライバー教育に取り入れるというものです。従来のティーチング「教え込み」だけでは不十分だと思われるため，コーチングを取り入れることによって，さらに安全意識の高いドライバーを育てようという試みです。ティーチングでの到達目標が知識・技能の習得であるのに対して，コーチングの目標は，自己評価スキルを高めることによる自立型運転者の育成です。言い換えると，学習者をできる限り学習者であると同時に自分自身の教師にすることを目指すというものであるといわれています。

　自動車教習所で学ぶ時間は決して長くはありませんから，運転のすべてを教えるには限界があります。卒業後の安全運転を担保するためにも，コーチングによる教え方が，これからのドライバー教育に必要になると思います。

　当校では，技能教習第2段階，危険予測ディスカッションにコーチングを用いた教習を行っています。映像教材を用い，どのような危険が予測されるのか？　また，その時にどのような心理状態だと交通事故につながりやすい運転行動をとってしまうのか？　など，学習者が自ら答えを出せるようにしています。以前行っていたディスカッションよりも，心理状態や，感情についても考える教習を行うことで，安全なドライバーの育成を目指して取り組んでいます。

教習所コースでの二輪車教習

教習所での教室授業

● おわりに

　自動車教習所は，地域の交通安全教育センターとして，高齢者講習や取消処分者講習，運転免許取得者教育，さらには園児から高校生までの交通安全教室，企業の交通安全講習会なども行っています。これらの講習は，数時間から長くても数日間という限られた時間ですから，責任をもって交通事故減少に寄与するということは難しいですが，受講される方は，自動車教習所で習ったのだからある程度は大丈夫だと思うのではないでしょうか。その期待に応えるために，効果的な講習内容になるよう試行錯誤していますが，さまざまな講習にもコーチングやカウンセリングの技法を取り入れるなどして，受講者の安全運転へのきっかけづくりができるようになりたいと思っています。

現場の声 12

自動車事故対策機構の職業運転者教育

道路運送事業者は，貨物自動車運送事業法や道路運送法に基づいて事業を展開しています。こういった法令の中の貨物自動車運送事業輸送安全規則第 10 条および旅客自動車運送事業運輸規則第 38 条には，「従業員に対する指導及び監督」があり，事業者は，「死者又は負傷者を引き起こした者」「運転者として新たに雇い入れら

適性診断を受診する運転者

れた者」「高齢者（65 歳以上の者）」に対して，告示で定められている適性診断を受けさせなければならないと記されています。

これらの業務にあたっているのが国土交通省より認定を受けた適性診断認定機関（平成 29 年 3 月末現在で筆者の所属する独立行政法人自動車事故対策機構を含め，70 認定機関）です。その業務にあたっている者は，「（主任）交通心理士」または「産業カウンセラー」または「臨床心理士」の資格を有し，国土交通省の告示で定められた研修を修了した適性診断第一種カウンセラーおよび第二種カウンセラーの人たちです。筆者は，主任交通心理士の資格を有し，第二種カウンセラーとしてこの業務にあたっています。この業務では，交通心理学の知識をもとにカウンセリングやコーチング技法，また適性診断結果も合わせて，日頃の自分の運転ぶりや事故，ヒヤリハット体験などを振り返り，安全運転を継続していくために「自分自身で見つめ直す」ことを実施しています。何らかの気づきが得られれば一歩前進することとなりますが，気づきだけでは安全運転を継続することができないため，実際に「行動」に移してもらうことにも重点をおいて，運転者の価値観をもとにウェルホームド・ゴール（実現性のある目標）をカウンセラーとともに創り出しています。

運転者への指導及び監督の指針の中には，「交通事故に関わる運転者の生理的及び心理的要因及びこれらへの対処方法」の項目があります。この指針に基づいて，多

交通カウンセリングを実施する筆者

くの運送事業者は運転者講習や管理者研修の講師を探しています。筆者の所属する機関ではこういった講師派遣依頼に応え，運転者に交通心理学の内容を伝えていますが，難しい理論などを説明しても相手からの反応がなかなか得られないのが現状です。できるだけ運転者の目線に立って，講師と受講者が一体となって，質問したり，身体を動かしてもらったりすると，内容を実感してもらえる講義になります。その結果，「長い時間でもあっという間に過ぎてしまった」「参考になった」「わかりやすかった」などの感想を寄せられています。管理者に対しては，運転者の心理特性のほか，事故発生時の原因分析方法や事故惹起運転者との面接方法の指導を実習形式で行っています。

　また，JR西日本の事故等に端を発し，運送事業者全般（自動車，鉄道，海運，航空）に義務付けられている「運輸安全マネジメント」があります。これは，経営トップが中心となり全社一丸となり，「安全最優先のしくみ」や「安全文化」を構築するという内容のもので，筆者の所属する機関でもこの支援にあたっています。

　そこでは，交通心理学以外にも，産業・組織心理学や経営学のマネジメント理論や組織改革理論なども活用して，これまでの輸送の安全に対する考え方を見直し，職場内の対人関係を強化して，運転者の運転行動を変える試みをしています。たとえば，管理者ミーティングでは，議論が拡散しないよう，決定権のある人の意見が独走しないように，メンバーが自由に発言できるようファシリテーション技術などを用いて，また，発言の意図や目的，内容を深めてもらうために，コーチング技術なども活用して，「充実していたな」と感じるミーティングを目指しています。そして，経営トップから管理者，班長，運転者へと流れる縦系統のコミュニケーションだけではなく，管理者間や運転者間の横系統のコミュニケーションも強化するよう努めています。縦と横が充実すると組織の雰囲気もよくなり，お互い助け合う「仲間意識」が芽生え，組織全員のベクトルがそろってきて，事故が減少してくるのを実感することができます。

自分たちで決めたスローガンのもと
一丸となる仲間たち

現場の声 13

雑誌の編集と講習

● 月刊『交通安全ジャーナル』の概要

　筆者が企画・編集に携わっている月刊『交通安全ジャーナル』(発行：一般財団法人　東京都交通安全協会)は，1982年から発行されている交通安全に関する広報・啓発雑誌です。前身の『安全運転管理者』(1972～1981年，1974年に『安全運転管理』と改称)を加えると，40年以上の歴史をもつ雑誌です。筆者は本誌の創刊号準備から現在まで企画・編集に携わっています。

　前身の『安全運転管理(者)』の内容は，東京都内の企業の安全運転管理者(安管)を対象とした交通安全教育誌でしたが，『交通安全ジャーナル』となってからは，従来の安管業務の充実，交通安全思想の浸透を図る記事のほかに，警視庁交通部，警察署，地域交通安全協会などが行う各種キャンペーンや行事，活動等を掲載し，より幅の広い「東京の交通安全月刊誌」として，東京都内を中心に毎月約1万5,000部を発行しています。

交通安全ジャーナル

● 雑誌で交通安全を広報する場合の工夫点

　一般的に，雑誌はすべてのページが読まれることは少なく，読者は知りたい部分や興味のあるところを読んでいます。読者層が多様であればあるほど，雑誌の内容も多様性をもつことになります。

　本誌も「交通安全」というテーマの中で，多様な読者の要望に応えるために紙面作りに工夫を凝らしています。雑誌の出来のよしあしはお弁当作りにたとえられることがあります。つまり「いかに栄養のバランスを考え，見栄えよく，食欲をそそる料理を限られたスペースに収めるか」ということです。読者であるところの安全運転管理者，地域交通安全協会員などの交通関係者のほか一般の方々も読者対象として念頭に置き，さまざまな内容で構成しています。また，本誌の執筆陣の多くが交通心理学の専門家であることから，読者は知らず知らずのうちに交通心理学的見地から交通安全を学んでいるといってもよいでしょう。

● 安全運転管理者に対する法定講習

　筆者は『交通安全ジャーナル』の企画・編集者の一方で，東京都に隣接する県で安全運転管理者法定講習（安管講習）の講師として，年間数十回の講話を行っています。安全運転管理者は，企業で自動車の安全な運転に必要な業務を行うために選任が義務付けられた，いわば企業の安全運転，交通事故防止活動の要となっている人たちです。安全運転管理者には年に1回の安管講習の受講義務があり，ほぼ半日をかけて企業の交通事故防止について多方面のからの講話を受講することとなっています。

　安管講師として悩ましいのが受講者の多様さです。職種や企業の規模などにより，受講者はさまざまです。これらの受講者に対して講話を行うわけですが，問題はどこに焦点を当てるかです。学校の授業や企業が行うセミナー等では，受講者のレベルはある程度揃っており，モチベーションもそれなりに高いので講話はスムーズに進みます。これに対し安管講習の受講者は先にふれた多様さのほか，多くが普段から忙しい中間管理職のサラリーマンや自営業者の人々ですので，日常の交通安全業務に十分に手が回らないという人も少なくありません。法令で定められた安管業務を完全に実施しているところもそれほど多くはないというのが実感です。受講者の側も，企業の交通事故防止に向けて安管講習で得た知識等を最大限に活用しようという受講者がいる一方で，「講習は法律で定められているものだから，仕方なく出席している」という気持ちで受講する管理者も少なからずいます。

　講習で筆者が強調していることは，「安全とは何か」を理解してもらうことです。これまで『交通安全ジャーナル』で掲載した識者の原稿や企画・取材記事をはじめ，筆者が会員となっている日本交通心理学会，交通心理士会で学んだ基本知識などをできるだけわかりやすく伝えます。古典的な「ハインリッヒの法則」や「スイスチーズモデル」などは多くの管理者が知識としてもっています。それより新しい「メタ認知」は興味深く聞いてもらえます。そのうえで，安全運転管理者が行うべき「7つの業務」とそれに関する種々の交通事故防止対策について具体的に話しています。

　上に「悲惨な」という修飾辞がつく交通事故は，企業にとっても存続を左右しかねないほどのダメージをもたらすこともあります。逆に言えば無事故は利益につながるのです。このような視点から安全運転管理者の人たちには交通安全をしっかり学んでもらい，また企業の経営者には現場の管理者に物心にわたる配慮をお願いしているところです。

第6章

歩行者の安全

活かせる分野

1節 道路横断

1. 横断歩行者を守る安全施設

　歩行者にとって事故の危険性が高まる最たる状況が，自動車が走行する道路を横断するときです。平成20〜27年の8年間において歩行中に交通事故に遭って死亡した者12,613人のうち，約7割が道路を横断中でした。これを年齢層別に分けて調べてみると，他の年齢層と比べて高齢層で横断中の割合が高くなっており（図6-1），高齢歩行者の道路横断中の安全確保が重要であることがわかります。その対策と

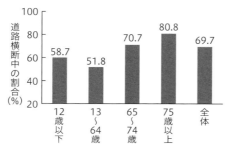

注）スケートボードや車椅子利用者等は除く。
資料：警察庁「交通事故統計」（平成20〜27年）

▲図6-1　歩行中の交通事故死者に占める道路横断中の割合（平成20〜27年）

して，運転者・高齢歩行者双方に対して注意を喚起する交通安全教育も考えられますが，やはり横断歩道や信号機といった交通安全施設を効果的に設置・運用することが欠かせません。

　横断歩道や歩行者用の信号機の設置には基準があり，自動車交通量や歩行者の横断需要の他，事故発生状況，幼稚園・学校・公園・病院・老人ホームなどの施設の有無，車道の幅員など道路条件等が考慮されます。横断歩道や信号機といった交通安全施設をどのように設置し運用すれば効果的であるかは主に交通工学の分野で研究されていますが，もちろん人間の意識や行動が関わる問題であることから心理学・行動科学的アプローチも必要です。以下，横断歩道の安全性を高めるという観点から研究事例をいくつか紹介します。

2．無信号横断歩道での歩行者と運転者の協調

　無信号横断歩道の場合，横断しようとする歩行者がいれば車両は一時停止して歩行者に進路を譲らなければならないという交通ルールがあります（道路交通法第 38 条）。しかし，このルールをきちんと守っている運転者はあまり多くないようで，調査結果では，場所によって異なりますが，無信号横断歩道で停止もしくは徐行して歩行者に進路を譲った自動車の割合は 0 〜24％です（田中ら，2014；松尾ら，2013）。このため，歩行者は自動車が 1 台通り過ぎて次の 1 台が来るまでの間（ギャップといいます）に安全に横断できる時間的余裕があるかどうかを判断して横断せざるを得なくなります。しかし，一般に，視力，情報処理・状況判断力，運動能力が低下しているとされる高齢者の場合，交通状況と自らの歩行速度の低さに応じた安全な横断タイミングの判断がどの程度できるでしょうか。

　三井ら（1998）は，無信号横断歩道における高齢者と非高齢者のギャップを利用した横断行動を比較する研究を行いました。その結果，まず，高齢者は接近してくる車に無理に減速あるいは停止させるような危険なタイミングで横断することが非高齢者よりも多いことがわかりました。高齢者では安全なギャップの判断がうまくできていないようです。どこにその原因があるでしょうか。さらに詳しく検討するため，図 6-2 に示すようなラグという指標を考えてみます。ラグとは，その横断歩道に自動車が到達するまでの時間のことで，手前側と遠方

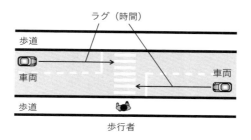

▲図 6-2　ラグの定義

側の 2 つがあります。歩行者が横断したときのラグと横断行動との関係を調べたところ，非高齢者ではラグが短いほど歩行速度が高くなる傾向があるのに対し，高齢者ではそのような傾向はみられませんでした。また，ラグの長さと横断するかしないかの判断の関係は高齢者と非高齢者とで違いがなく，どちらも同じようなラグのときに横断を行っていました。以上のことから，高齢者は，若い時のように速く歩くことができなくなっているにもかかわらず，若い時と同じ感覚で横断を行う傾向があると考えられます。そのため危険な横断が多くなってしまうというわけです。

　以上のような研究知見を交通安全教育で普及させて注意を促し安全意識の向上を図ることは大事な対策となりますが，そもそも，前述のルールの通りに運転者が譲る行動がもっと増えてくれるのが望ましく，それをもたらす条件を見出すことも重要な研究課題になります。その 1 つとして，歩車間コミュニケーションによって運転者の歩行者に対する協調行動すなわち譲り行動を導こうという発想の研究が進められています。谷口ら（2012）は，無信号交差点内の横断歩道を横断する歩行者・自転車と左折自動車の挙動やコミュニケーションを分析し，自動車と歩行者・自転車の間でアイコンタクトなどの事前コミュニケーションが生じた場合，自動車が減速・停止するといった協調行動をとる傾向があることを示しました。

　矢野ら（2016a，2016b）は，自動車が減速・停止して歩行者に進路を譲り歩行者が横断したケースにおける歩車間のコミュニケーションについて聞き取り調査を行いました。その結果，歩行者が運転者に注意を向けたり横断意図を示す合図を送ったりすると運転者も譲り意

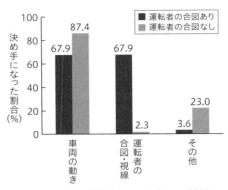

注）運転者の合図の有無別にそれぞれ何％の歩行者がその事項を決め手としたかを示す。複数の事項が同時に決め手になることがあるため，合計は100％以上になる。

▲図6-3　歩行者が横断できると思った決め手
（矢野ら，2016b をもとに作成）

図を示す合図を送ることが多くなり，また運転者が譲り意図の合図を送ると歩行者が御礼の合図を送ることが多くなることがわかりました。合図によるコミュニケーションによって意思疎通が図られていることがわかります。また，運転者の合図がなければ歩行者が横断実行を判断する決め手は車両の動きしかありませんが，運転者の合図があることで車両の動きに加えその合図も決め手になりました（図6-3）。運転者からの合図は，歩行者が運転者の譲り意図をより適確にとらえやすくし，横断実行の判断をスムーズに行うことを可能にすると思われます。それにより歩行者は安心感を高められるし，運転者も歩行者が横断を始めるのを待つ時間を短縮できるでしょう。歩車間コミュニケーションを普及させることにより，無信号横断歩道において運転者が歩行者に譲る行動がもっと増えることが期待できます。

3. 信号機付き横断歩道での青点滅信号の運用

　赤信号になった後に歩行者が横断歩道上に残っていると，自動車と交錯して事故になる危険性が高まったり，横断者待ちのために自動車の流れが悪くなり渋滞の原因になったりしてよくありません。歩行者用信号の青点滅信号は，赤信号になる前に歩行者に横断歩道上からすみやかに待避してもらうという役割（クリアランス機能）をもってい

ます。交通ルールでは，青点滅信号になれば歩行者は横断を始めてはいけないし，横断中の歩行者はすみやかに横断を終えるか横断をやめて引き返さなければなりません（道路交通法施行令第2条の4）。しかし，現実には赤信号になった後も歩行者が横断歩道上に残っている状況をひんぱんに見かけます。この状況をうまく改善できないでしょうか。やはり青点滅信号をうまく活用することがポイントになりそうです。

　青点滅信号の秒数は，前述のルールを歩行者が守るという前提で設定されていますので，青点滅信号になってから横断を始めたのでは，よほど速く歩かないかぎり，赤信号になる前に横断を終えることは難しいでしょう。それでは，青点滅信号の正確なルールを知っている人はどのくらいいるでしょうか。矢野・森（2004）によると，実際に横断歩道で聞き取り調査を行った結果，正確なルールを知っていた人は6.9％しかおらず，約66％の人は青点滅信号のときに横断を始めてもルール違反ではないと思っていました。さらに，横断行動の観測調査の結果，青点滅信号のときに横断歩道に到達した歩行者のうちそのまま横断を始めてしまった人が60.0〜97.7％に達し，そのほとんどが赤信号になる前に横断を終えることができませんでした。赤信号になった後に横断歩道上に残ってしまう歩行者を減らすためには，まず人々に青点滅信号のルールを正確に知ってもらい，青点滅信号のときには横断を始めないようにしてもらうのが大事です。

　赤信号になった後に歩行者が横断歩道上に残ってしまう原因は他にもあります。2.で述べたように，高齢者は若い人と同じように速く歩くことができません。森（2016）のデータを分析して比較すると，平均の歩行速度は非高齢者が1.36 m/s（3,872人，標準偏差0.37 m/s）であるのに対し，高齢者はそれよりも約14％遅い1.17 m/s（1,124人，同0.26 m/s）でした。この値はあくまで平均値ですから，高齢者の半数はこれよりさらに遅いのです。歩行速度が遅いほど，青信号のうちに渡り始めても赤信号になるまでに横断を終えられないことが多くなるはずです。矢野（2005）のデータに基づき，東京都内の5つの横断歩道（14.9 m〜34.7 m）における横断開始タイミングと赤信号になるまでに渡りきれなかった歩行者の割合（残存者率）の関係を調べた結果を示したものが図6-4です。高齢者では青信号の後半（図

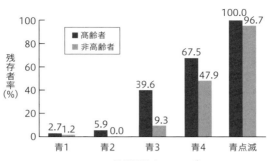

注）残存者率とは赤信号になるまでに渡りきれなかった歩行者の割合をいう。図は東京都内5つの横断歩道の分析結果。青信号時間を4等分し，最初の4分の1の時間帯を青1，2番目の4分の1の時間帯を青2，以下同様に青3，青4とする。

▲図6-4 **横断開始タイミング別の残存者率**（矢野，2005をもとに作成）

6-4の青3や青4）で渡り始めると赤信号になるまでに横断を終えられない人の割合が非高齢者よりも大きいことがわかります。しかし，高齢者に若い人と同じ速度で歩けと言っても困難です。むしろ，高齢社会となった現在，社会のシステムを高齢者の能力に合わせる配慮が必要といえるでしょう。ただ，これは簡単な話ではありません。たとえば，横断時間の余裕を増やすために青信号の秒数を長くすると，その分，交差する自動車交通が止められるので，渋滞や信号待ちイライラの原因になりかねません。

そこで，青点滅信号の秒数を長くすることを考えてみます。仮に，20メートルの横断歩道を毎秒1メートルで歩く高齢者が横断するとします。図6-5のAように，青点滅信号が8秒では高齢者は青信号の

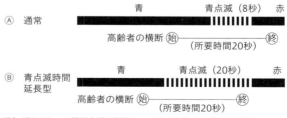

注）長さ20 mの横断歩道を毎秒1 mで歩く高齢者が横断する場合。

▲図6-5 **青点滅信号の秒数と高齢者の横断開始・終了のタイミングの例図**

終盤で渡り始めると赤信号になるまでに横断を終えられませんが，Bのように青点滅を20秒にすれば青信号の終盤で渡り始めても赤信号になる前に渡りきることができます。高齢者にとっては「青なら渡り始めてよし，青点滅なら止まって次の青まで待つ」のルールを守ればよく，わかりやすいといえます。しかし，1つ問題があります。青点滅信号の秒数が長くなると，それをよいことに，多くの歩行者が青点滅信号のときにどんどん渡り始めてしまい，結局赤信号になったときにたくさんの歩行者が横断歩道上に残ってしまうのではないかと懸念されます。この点を矢野・森（2005）のデータを分析して調べてみた結果が図6-6です。長さがほとんど同じでも青点滅秒数が大きく異なる横断歩道A（長さ28.5m；青点滅秒数8秒）とB（長さ29.4m；青点滅秒数20秒）で，青点滅信号時に横断歩道に到達した歩行者の横断実行者率と，そのうち赤信号になるまでに渡りきれなかった歩行者の割合（残存者率）を比較して示しています。まず，青点滅信号の秒数が短いAでは横断実行者率は73.7％でその全員が赤信号になるまでに横断を終えることができませんでした。一方，Bの青点滅信号の前半10秒では横断実行者率は94.4％とかなり高いですが，その約半数は赤信号になるまでに横断を終えています。また，後半10秒では横断実行者率が32％にとどまっています。Aの8秒とBの後半10

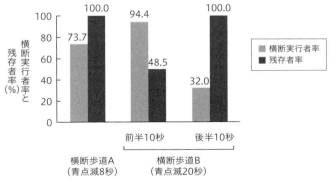

注）横断実行者率とは，青点滅信号時に横断歩道に到達した歩行者のうち横断を実行した者の割合をいう。ここでの残存者率とは，青点滅時に横断を実行した歩行者のうち赤信号になるまでに渡りきれなかった者の割合をいう。横断歩道Aの長さは28.5m，Bは29.4m。図では，Bの青点滅20秒を前半と後半に分けた。

▲図6-6　**青点滅時間の長さと横断歩行者の危険行動**（矢野・森，2005をもとに作成）

秒は，どちらも赤信号になる直前の8〜10秒間という点では同じですが，横断実行者率は2倍以上の開きがあります。以上の結果から，青点滅信号の秒数にあまり関係なく，歩行者は青点滅信号になったばかりの時は「まだ大丈夫」と横断を始めてしまうが，青点滅信号になってしばらくたった後では「もう無理」と横断をあきらめていると考えられます。そのため，青点滅信号の秒数が長くても赤信号になった後に横断歩道上に残ってしまう歩行者は少ないと考えられるのです。

4．交通安全施設の整備・運用と心理学

　ここでは，人々に道路を安全に横断してもらうために横断歩道や信号機といった交通安全施設をどう運用すればよいかに関する心理学・行動科学的アプローチの研究をいくつか紹介しました。社会のシステムをどうつくりどう運用していくかは，まさにそれを使う人間の問題であり，人々の意識や行動をきちんと把握して適切に考慮することが不可欠です。ここに心理学を専攻した者が活躍できる余地があるといえます。

2節　歩行者への安全教育

1．はじめに

　歩行とは最も基本的な移動手段であり，直立二足歩行することで多くの荷物を運搬できるようになり，人間は大きな進歩を遂げました。成人の歩行速度は約5 km/h（1秒間に約1.4 m）くらいですが，速い速度で走る車と衝突すると，歩行者が犠牲となる結果を招くことになります。

　歩行者事故の低減のため，信号機を設置するといった道路対策などとともに，安全に歩くための心構えと技量（スキル）を人間自身が身につける必要があります。交通安全教育は，人間が安全を志向し，適切なスキルを身につけるための重要な対策といえます。

　本節では，歩行者対象の安全教育を心理学の観点からみてみます。

2．歩行中の交通事故の特徴と安全教育

　日本では，昭和30年代以降に自動車が普及するようになると，歩

行者，特に子どもが犠牲となる交通事故が社会問題となりました。これを機に，警察などの交通安全関係諸団体が，子どもを対象に道路の歩き方や交通法規に関する知識の取得を目指した教育を実施するようになり，交通事故低減に大きな貢献を果たしました。

しかしながら，未だに歩行者が犠牲となる事故は後を絶たず，近年では，自動車に乗っているときよりも，歩行中の交通事故で亡くなる人が多い状況となっています（交通事故総合分析センター，2015）。歩行中の交通事故を見ると，65歳以上の高齢者が死亡する場合が多く，夜間の横断中に事故に遭うケースが目立っています。また，歩行中の事故を起こしやすい年齢層を見ると，15歳以下の子どもが多く，飛び出しが事故原因の第一位を占めています。

以上の交通事故状況から，日本では，警察や地方公共団体，さらには自動車教習所の職員などが中心となり，子どもや高齢者を対象にして，交通法規やマナー教育，道路の横断方法や歩行中の危険個所に関する教育が実施されています（内閣府，2013）。また，近年では，交通事故の場面を再現して，衝突の恐怖を受講者に観察させるスケアード・ストレートや，歩行環境シミュレータを用いた教育が行われています。これらの安全教育を実施するうえで，問題となるのが，高齢者や子どもなどの"こころ"に配慮しないと教育の効果が薄れることであり，こころを科学的に解明しようとする心理学への期待が高まっています。

3．安全に歩くためのスキルの発達

(1) 歩行に必要なスキル

歩行は普段何気なく行っている活動ですが，安全に歩くにはいくつかのスキルが必要です。たとえば，道路を安全に横断する際には，①見通しの悪い交差点などの危険な対象物を発見すること，②車が接近する中で安全に横断できる余裕があるかを判断すること，③あらゆる方向から来る車への対応，④見聞きしたものにあわせてスムーズに歩くことなどを習得することが求められます（Thomson et al., 1996）。

また，子どもに道路の横断方法を教えるための英国の指針（Green Cross Code）には，①最も安全な経路を横断前に探す，②横断前に止まる，③車が接近していないかを確認し，車の音も聴く，④車に道を

譲る，⑤道路は真直ぐ横断し，走らないといった内容を教えることが重要とされています。

　さらに，歩行者に求められる内容には，正しい歩き方などの動作だけではなく，交通社会人としての責任感や他の交通参加者（ドライバーなど）を思いやる気持ちといった社会的スキルも求められます（蓮花，1997）。これは，交通社会は法のもとに成立しており，また，快適な社会の実現のためには，譲り合いなどの他者への配慮が必要だからです。

（2）スキルの発達過程

　歩行者に求められるスキルの習得について，5歳くらいになると，道路の安全な歩き方を教育することが可能になると報告されています（Dragutinovic & Twisk, 2006）。安全な道路の歩き方や，快適な交通社会を実現するための社会的スキルを歩行者に教えるには，教育を受ける人（受講者）の特性，特に発達的な特徴を，教育する人々（教育担当者）が理解する必要があります。発達とは，子どもが母親のお腹にいるころから死に至るまでの心身の変化を意味します。

　交通安全に関わる人間の発達的特徴をみると，たとえば，サンデルス（Sandels, 1975）は，深く考えずに行動する幼少期の衝動性が，飛び出しを助長していると指摘しています。また，9歳くらいまでは，道路横断に必要な時間を正しく見積もることが困難なこと（Vinje, 1982）や，小学校低学年までは，視野（見える範囲）の周辺に存在する車を見つけることが，大人よりも劣ること（David et al., 1990）などが，これまでの交通心理学に関する研究の中で報告されています。さらに，道路を横断する際の確認の仕方についても，学年によって差が生じる結末（図6-7）や，道路上に存在する危険について，9，10歳くらいまでは，見通しの悪い交差点などに存在するかもしれない目に見えない危険を感じないという結果も示されています（Ampofo-Boateng & Thomson, 1991）。以上のような子どもの特性が，不適切な道路の横断行動を引き起こす原因になっていると考えられます。

　また，安全の基本である交通法規を，子どもがどのように認識しているかも，事故に遭わないための重要な課題となります。この点について，斉藤（1975）は，6歳以下の子どもは，交通法規を守ってさえ

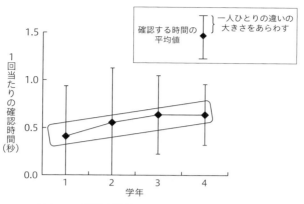

▲図6-7　道路を横断する際に周囲を確認する際の時間
　　　　（小学校学年別）

いれば，安全を確保できていると認識する傾向にあると指摘しています。さらに，快適な交通社会実現のための他の交通参加者への配慮について，他者の心の状態（喜びなどの感情など）を推測するための能力，すなわち，心の理論とよばれる機能は，4歳頃に形成され（子安，2000），他者とのさまざまな関わりの中で変化すると考えられています。

　次に，高齢者について，夜間の道路横断中に死亡事故に至る例が多いと記しましたが，橘田ら（1967）は，道路横断中に負傷した人たちを対象に，信号のある横断歩道を利用しなかった理由を尋ねました。その結果，「横断歩道まで行くと回り道になる」や「いつもの習慣から」などの回答が多く得られたと報告しています。このような歩行者の心理が高齢者の危険な道路の横断につながっていると考えられます。また，ハズレットとアレン（Hazlett & Allen, 1968）は，夜間接近する車のドライバーから自分は見えていると誤解する歩行者が多いと指摘しており，夜間に無理な横断をしている状況がうかがえます。特に高齢者は身体的な衰えから，事故に遭ったときの被害が大きく，死亡に至りやすいと考えられます。これらの特徴に加えて，高齢者は，一般的に複雑な課題を実施することが難しく，いろいろなものに注意を上手く配分することが困難であるといった研究結果も示されています（長町，1981）。さらに，太田（1992）は，高齢者は，物陰に潜む車などの潜在的危険を感じにくいと述べています。これに加えて，高齢

者の顕著な特徴として，同じ年齢でも一人ひとりの違い（個人差）が大きいことがあげられます。高齢者の個人差について，蓮花（2012）は，自動車免許を持っている高齢歩行者に比べて，免許を持っていない高齢者のほうが，歩行中の確認が不適切であるという研究結果を報告しています。

　受講者が交通安全にとって必要なスキルを習得できるか否かを教育担当者が的確に見極めて，安全教育を計画する必要がありますが，この計画を立てるために，発達心理学や交通心理学の知見や成果を活用することが求められます。

4．安全や教育に対する動機づけ

(1) 歩行者教育の現状

　歩行者の発達特性に応じた交通安全教育の考え方として，たとえば，子どもに道路の横断方法を教える際には，道路の渡り方などの具体的な内容から，危険の意味といった抽象的な内容を順番に教えることが重要と指摘されています（Michon, 1981）。ただし，日本の現状をみると，歩行者の発達特性を心理学の観点から科学的にとらえ，交通安全教育が継続的に実施されることはまれです。

　さらに，歩行中に事故に遭わないための交通安全教育に，受け身的に参加する人はいますが，自らが率先して安全教育に参加する例は多くありません（大谷，2016b）。このような受講者の状況から，多くの人が安全教育に参加するように，イベント的に歩行者対象の教育が実施されていますが，受講者の心理に配慮しなければ，効果的な安全教育は望めません。

　それでは，歩行者が交通安全教育に率先して参加しない心理的な背景には，どのようなものがあるのでしょうか。

(2) 教育に対する動機づけ

　歩行者が交通安全教育に参加するためには，「交通事故に遭わないように気をつけよう」といった心構えを歩行者自身がもつ必要があります。また，教育の効果や効率を上げるためには，受講者の「やる気」が大きな問題となります。人間の心構えややる気に関係する心理学の用語に，動機づけがあります。動機づけとは，「ある目標に向かって行

動を喚起させ，維持し，調整する過程や機能」と定義され，簡単にいうと，「やる気（動機）」を起こさせることです。動機づけには，褒美を得るなどといった外から与えられる目標により生じる外発的動機づけと，その人自身の好奇心や義務感などから生じる内発的動機づけがあります。チクセントミハイ（Csikszentmihalyi, 1990）は何らかの目標を持続的に達成しようとする場合には，内発的動機づけが重要と指摘しています。

　歩行者対象の安全教育をみると，交通事故に遭いたくないといった動機をもつ人は多いと思いますが，残念ながら，交通安全について勉強しようと動機づけられる人たちは多くないのが現状です。歩行者対象の安全教育に対する動機づけが高まらない主な理由として，次のような心理や状況が生じているためと考えられます。

　　①歩行中に交通事故に遭う危険性を小さく評価するため，教育を受ける必要はないと感じる。
　　②歩行中の事故を避けるために，特別なスキルは必要ないと考えている。
　　③危険な行動を行っても事故に遭わないことを経験している。
　　④適切な横断方法を実施しても賞（褒美）が得られない。
　　⑤他の価値や動機が働いている（例：教育よりも遊びを優先させたい）。

　歩行者対象の安全教育参加への内発的動機づけを高めるために，交通心理学を専門とする研究者を中心に幅広い研究が実施され，新たな教育方法が開発されています。たとえば，大谷ら（2012）は，交通安全教育に対する高学年児童の動機づけを高めるため，交通事故の原因や対策を小集団で討論した後に，高学年自身が教師役を演じて低学年に正しい道路の横断方法を教える役割演技法による教育を実施しています。また，児童が主体的に交通安全教育に取り組めるように，危険マップ作りによる教育手法が開発されており（小川，2007），子どもだけではなく幅広い年齢層を対象に実施されています。

　多くの人々にとって交通安全教育が魅力的なものになるために，動機づけに関する理論などを参考にして，人間の心理に基づいた教育を計画・実施することが，今後ますます望まれます。

5．交通安全教育の評価

　実施した交通安全教育により，受講者が何を習得できたかを知ることは，安全教育をよりよいものにするための重要なポイントとなります。この点から，安全教育が受講者にどのような影響を及ぼしたかを評価することが求められます。しかしながら，歩行者対象の安全教育の現状をみると，残念ながら，実施された教育が評価されるケースは多くありません。交通安全教育を評価する際の内容や方法などをまとめると，次のようになります。

（1）評価の内容

　実施した教育を評価する際に最も直接的なものは，教育後に事故が減ったかどうかを調べることです。しかし，歩行中に危険な状況に遭遇する機会は人それぞれ異なるなど，事故の発生はさまざまな事柄が関係しているので，事故の有無を基準にして教育の効果を把握することには限界があります。

　大谷（2016a）は，交通安全教育を評価する際のポイントとして，受講者が安全態度をもつようになったかや，実際に適切な歩き方をするようになったかなどの多様な観点から評価することが重要と指摘しています。歩行者安全教育をさまざまな観点から評価した具体例として，大谷ら（2014）は，体育館で小学校低学年児童に道路の横断方法を訓練した場合の効果を報告しています。この研究では，専門家が正しい道路の横断方法を教える前後で，児童の確認行動がどのように変化するかを検討しています。調査の結果，体育館内に設置した見通しの悪い交差点を横断する際に，低学年が周囲を確認する回数は増加しましたが，周囲を確認する時間は教育前後で大きな差がみられず，また，実際の道路上での横断行動も大きく変化しないことが示されました。この結果から，低学年児童に道路の横断方法を教える際には，顔を周囲に向けるだけではなく，車がいなかったかを確実に知るための訓練を計画することが求められます。

（2）評価の方法と目的

　交通安全教育の効果を把握するため，心理学にはさまざまな方法が

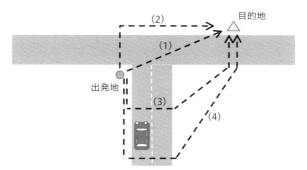

注）この研究では，出発地から目的地までの経路で，最も安全な横断は(4)，最も危険な横断は(1) としている。

▲図 6-8　道路横断に関する知識を調べるためのテストの一例
（Thomson et al., 1992 をもとに作成）

あります。たとえば，適切な知識の習得が可能だったか否かを調査するのに，教育前後にテスト（図6-8）を行う場合があります。さらに，教育によって知識，態度，行動が適切に変化したか否かをみるためにアンケート調査（質問紙調査）や観察調査を実施することもあります（大谷ら，2014）。実施した教育を多様な観点から評価するためには，いくつもの方法を組み合わせて，多面的に調査することが求められます。

　また，教育を評価する目的によって，形成的評価と総括的評価に分類することができます（Dragutinovic & Twisk, 2006）。形成的評価は，過程評価と成果評価に分けることができます。過程評価は，教育の過程を評価するものであり，使用する資料や道具の使いやすさなどを調査することを目的としている一方，成果評価は，プログラムのどのような要因が教育の効果に影響を及ぼしているかを把握するためのものです。総括的評価は，実施した教育プログラムが目標を達成できたか否かを判断するものであり，実施したプログラムの継続や実行可能性を把握するものです。

　交通安全教育を評価する際には，計画した交通安全教育が何を目的としているかを明確にして，正しい評価方法を取捨選択し，得られた結果を解釈する必要があります。評価に際しては，心理学の調査法や研究法に関する知識と経験を有していることが求められます。

第 6 章　歩行者の安全　117

6. おわりに

　これまでみてきたように，日本の歩行者対象の交通安全教育には長い歴史がありますが，歩行中に事故に遭う人は後を絶ちません。これらの事故を低減し，快適な交通社会を実現するために，交通心理学や教育・発達心理学などを専攻した人材の活躍が，今後ますます期待されるところです。

ホンダの歩行者安全教育

現場の声 14

　近年，交通事故の死者数は減少傾向にあるものの，全死者に占める歩行中死者の割合は約36％で，その中でも約7割を占める65歳以上高齢者の死者を減少させることが交通死亡事故抑止の課題の1つといわれています（交通事故総合分析センター，2015）。高齢者向けの交通安全教育はこれまでも，さまざまなテーマ，形式で実施されています。たとえば高齢歩行者の夜間事故を防止するための反射材着用促進をテーマとした交通指導員による寸劇や腹話術，反射材の効果を示したビデオの視聴などがあります。高齢者を対象とした交通安全教育の実施には，特有の苦労がともないます。交通安全への関心はそれほど高くなく，研修や教室に集めることが難しいのです。また加齢による身体状況には個人差があり，教室に参加できるのは外出可能な比較的健康的な人です。このような状況の中で高齢者の意識を変え，行動を変えるためには，交通心理学等の知見を活用し教育内容を充実することが必要です。

　筆者も参画した警察庁の調査（警察庁，2012）によれば，歩行者にとっての課題は「法令遵守行動の重要性認識」と「自立行動への気づき」です。法令遵守行動の重要性とは，「決まりだから守るということではなく，自他の安全のために法令を守る」ということです。また自立行動への気づきとは自己中心的な，また過度に相手に避譲行動を期待する思考を排し，自分自身の力でより安全な行動をとることができると気づかせることです。これらは相互に関連しています。すなわちルールは交通参加者すべてが共存するためにつくられたものであり，歩行者側が自分勝手に弱者だからといって自動車ドライバーなどの相手に過度に避譲行動を期待すると相手の行動予測が誤り事故につながってしまいます。高齢歩行者にもなぜ，このようなルールがあるのかを考えてもらい，自らの安全は自らが守るという意識をもって行動を変えてもらう必要があります。

　しかしながら，「とにかくルールだから守りなさい」とか「これはしてはいけません」といったネガティブな表現や「信号を守りましょう」とか「飛び出して横断してはいけません」といった結論だけをいうような一方的な講話形式の交通安全教室もまだ見受けられます。参加者に自ら考えてもらうための教育プログラムを実施するためには，①明確な教育目標，②教育内容と手法，③これらを理解し，指導できるスキルをもった指導者が必要となります。

　ホンダでは，事故形態として最も多い高齢歩行者の衝突事故を防ぐための教育プログラムの普及を各地の交通指導員と連携して行っています。教育プ

項目（昼間編）	時　　間	内　　容
導入	5分	プログラムの目的を理解してもらう。
高齢者の交通事故の特徴	10分	高齢者の道路横断中の事故の特徴を提示し，どんな行動が危険かを考えてもらう。
映像による体験	5分	歩行者目線とドライバー目線の映像を見せ，道路横断中に潜む危険に気づいてもらう。 代表者に道路横断シミュレーションを体験してもらう。
まとめ	10分	「思い込み」の危険に気づいてもらい，安全な横断方法を理解してもらう。

高齢歩行者の事故を防ぐための教育プログラム
（交通安全情報紙『SJ』2015年10・11月号　本田技研工業（株）安全運転普及本部発行）

ログラムの目的は明確で事故分析により多発している道路横断中に車との衝突を防ぐための知識と具体的な行動を身につけてもらうことです。教育内容は横断中，事故に遭う過程を再現した映像を使って道路横断を疑似体験できる内容も取り入れ，高齢者に意識と行動のミスマッチを理解してもらいながら，指導者が事故防止についてわかりやすく解説できる内容です。「昼間編」「夜間編」という構成になっており，交通安全教室の実施時間に合わせて選べる工夫がされています。また，指導者がこれまで行ってきた手法にプログラムの一部を組み合わせて使うことも可能です。最終的には，

① 右から来るクルマが通り過ぎても渡らず，左側からクルマが近づいていないか確認する。
② 近くを見ると遠くのものが死角となるので，体全体（目とへそ）で安全確認する。
③ 道路横断時は，センターライン（道路の中央付近）手前で左側からクルマが近づいていないか，もう一度確認する。
④ 夜間は反射材を着用し，クルマのライトが見えたら待つ。

といった具体的な行動を理解してもらいます。現場の指導員からは，動画を使いプロセスを説明しており，事故を防ぐための具体的な行動も明示されていてわかりやすいとの声をもらっています。こうした教育の効果測定が次の課題です。

現場の声 15

自動車教習所の歩行者教育

　筆者は，自動車教習所教育に携わる関係上交通心理学を学びましたが，その内容は非常に興味深いものばかりでした。日常何気なく行っている運転操作に，かくも深い学問的背景と統計学的な裏づけとがなされているのかと驚きの連続でした。それらの知識を活用することで歩行者教育の価値を高め，より効果的なカリキュラムを作成することが可能になると思われます。また，筆者は本職として寺の住職を兼ねています。交通事故の葬儀のたびに，一番の交通弱者は歩行者であるということを痛感させられます。歩行者は年齢層も広く，挙動もそれぞれ異なるのに防御策がほとんどありません。だからこそ，心理学，特に交通心理学の知識が必要不可欠なものとなるのです。

　ところで，自動車教習所での歩行者教育を一言で表せば「難しい」に尽きます。なぜなら，日常何の気もなく歩いている行為そのものを，どうして自動車教習所まで出向いて，しかも料金を支払ってまで教わる必要があるのでしょう。注意すべきは自動車やバイクであって，歩行者は保護されるべき対象であり，教育を行う必要はない。こう考えるのが普通だからです。

　そこには，日本に根強く定着している「安全と水はタダ」という考えがあり，安全，特に交通安全教育にあまりお金や時間を取られたくないとする傾向があると思われます。そのため，「歩行者の安全教育」と自動車教習所で銘打つと，どうしてもボランティア的に受け止められがちになってしまいます。

　それでも自動車教習所では，それぞれ工夫を凝らした歩行者教育が行われています。

● 小学生への交通教育と発達心理学

　自動車教習所における歩行者教育は，小学生への交通安全教育の一環として行われる例が一番多いと思われます。信号など一通りの設備が整っているため子どもたちにも受け入れられやすく，公道に比べて危険が少ないのも利点です。さらに教習車両を利用してさまざまな危険場面を再現することもできるため，教育関係者から重宝がられています（写真）。

　そこに，子どもたちの発達に関する心理学の要素が加わるとどうなるでしょう。成

教習所での小学生に対する歩行者教育

長が著しい小学生について、学年に応じた教材を作成することでより理解しやすい教育を行うことが可能となります。しかし、時間の関係上、自動車教習所ではそこまで踏み込んでいないのが現実です。発達心理学に関する知識と、教育時間の確保が課題かと思われます。

● 高齢者への対応とシミュレータの活用

心身が衰える高齢歩行者への教育も必要とされています。しかし、高齢者の中には免許を持っていないため自動車教習所へ来ない人もいます。そのため、教習所のスタッフが地域の文化祭などへ赴き、歩行シミュレータを活用して歩行者教育を行うケースがみられます（写真）。免許を所持していない高齢者へも対応可能で、時には他人の歩行状態を見て意見を述べ合うということも行います。その際には、認知機能についての心理的予備知識はもちろんのこと、カウンセリング要素である受容や寄り添い、共感などの技も求められます。

歩行シミュレータを用いた高齢者への安全指導

● まとめ

自動車教習所における歩行者教育について、実例をあげながら述べてきました。地域の人たちから自動車教習所を歩行者教育のために活用してもらうためにも、心理学の知識は欠かせません。ただ「教える」のではなく、いかに相手の日常と年齢に応じて心に寄り添うか、ここに歩行者教育の難しさがあると思われます。

交通安全教育指導員の仕事

　筆者は，つくば市の交通安全教育指導員として，市内の保育所，幼稚園，小中学校さらには老人福祉センターなどの各施設を回り，幼児から高齢者にいたるまでのさまざまな年代の方に交通安全教育を行っています。

　幼児から小学校低学年の児童には，道路の安全な歩き方や横断の仕方に関する安全教育を行います（写真）。小学校中学年から成人（大学生）には自転車の安全教育を，高齢者には，歩行および自転車の安全教育を行っています。

　安全教育の最大の目的は，「命を守る」ことだと考えて，歩行の教育では「自分の命」を守るためにはどうすればよいのか，自転車の教育においては「自分の命」と「相手の命」その2つを守るためにはどのような運転をすればよいのかについて，発達心理学の考え方を参考に年代に合わせた教材・手法を使いながら教育活動を進めています。

道路の安全な横断方法の指導風景

　幼児に安全教育を行ううえでは，人間のこころを科学的に解明する心理学の知識が役立っています。たとえば，心理学で扱う注意を考えると，幼児の集中力は，大人と異なりあまり長くもちません。1時間の安全教室を行う際には，DVDやパネルシアターなどを見せたり，一緒に歌を歌いながら踊ったりと，さまざまな視覚・聴覚などを使った学習方法を用いています。なかでも，子どもたちが一番楽しみにしているのが腹話術です（写真）。「交通安全教室＝ケンちゃん人形」というくらい大人気です。とても集中して聞いているので，ケンちゃんの言葉は子どもたちの心に強く残ります。失敗ばかりするケンちゃんに子どもたちが歩行の仕方を教えることで，楽しみながら正しい歩行を学べるようにしています。

　幼稚園では，年に2回の交通安全教室を行いますが，2回目に行ったときに「この前ケンちゃんは○○と言っていたよね」「ケン

腹話術を使った交通安全教室

ちゃんみたいに○○してはダメだよね」と話しているのを聞くと，子どもたちが正しいルールを覚えていることがわかり，とてもうれしく思います。

　ただ，安全教育の難しい点は，頭で理解していてもなかなか実際の行動がともなわないというところです。「横断するときには，いったん止まって周りの安全を確認してから渡る」ことは，たいていの子どもたちが知っています。しかし実際に実践するのはとても難しいことです。

　シルバークラブに行った際にも交通安全の話をします。「どんな道路でも真ん中は歩かないで下さい！」と高齢者の方にお伝えすると，多くの方は「そんなこと当たり前だよ」と笑って聞いていますが，教室が終わると堂々と道の真ん中を歩いて帰って行くのが現状です。「知っている」ということと「行動する」ということは，まったく別のものだということを私たちが思い知らされる瞬間です。「自分は大丈夫，事故にあうはずがない」という思い，すなわち交通事故の可能性（リスク）の過小評価が，このような行動につながっているのです。交通心理学でも，リスクを過小に評価した場合や，自分の能力を過大に評価することが事故につながりやすいと考えられています。

　以前，飛び出しをして骨折した経験をもつ子と一緒に，実際の道路で横断の練習をしたことがありました。その子は，何度も何度も左右の安全を確認した後で，とても慎重に道路を横断していました。事故の恐ろしさを体験しているので，慎重な行動をとるようになったのだと思います。心理学には，学習という言葉がありますが，事故に遭って怪我をするという罰を経験することで，子どもの不適切な横断行動が変わった一例です。ただし，子どもたちが交通事故を実際に体験することはできません。だからこそ，どのようにしたらその危険を実感してもらえるかが，安全教育の最大の課題だと思います。

　交通安全教育は，目に見える成果がすぐに表れるわけではありません。この方法できちんと伝わっているのだろうか，と迷うこともあります。知識としてではなく，行動できるようにするにはどうしたらよいのか，と試行錯誤しながらの毎日です。そのため，交通心理学の先生方の講習会にも参加するなどして，普段から勉強を心がけています。交通安全の意識や風土が定着し，子どもから高齢者までの多くの世代が，交通事故から身を守ることができるようになることを願って，これからも日々活動を続けていきたいと思います。

付録 さらに勉強するための推薦図書

『交通心理学入門』
日本交通心理学会（企画）石田敏郎・松浦常夫（編著）（近刊）企業開発センター

日本交通心理学会が認定する交通心理士になるための教科書ですが，一般の方にも販売しています。

『高齢ドライバーの安全心理学』
松浦常夫（2017）東京大学出版会

高齢ドライバーへの面接や運転と事故の研究結果から，老化による技能低下を補う運転（補償運転）を提唱しています。また，安全運転を支援する対策について述べ，安全運転ができなくなった後の運転断念の理由とプロセスについても解説しています。

『子どものための交通安全教育入門』
大谷亮・金光義弘・谷口俊治・向井希宏・小川和久・山口直範（編）（2016）ナカニシヤ出版

子どもの交通安全教育の内容や手法についての理論面からの記述のほかに，具体的な実践事例についても記述されています。

『統計データが語る交通事故防止のヒント』
松浦常夫（2014）東京法令出版

いつ，どこで，誰が，なぜ，どういった形態の事故を起こしたかについて，交通事故統計を分析した書で，その結果を心理学的，工学的な知見を交えて解説したものです。

『交通事故学』（新潮新書545）
石田敏郎（2013）新潮社

交通事故に関わる心理学的な話題がコンパクトにまとめられています。エッセー風の文章で読みやすいです。

『交通心理学』
蓮花一己・向井希宏（2012）放送大学教育振興会

交通心理学の概説書で，放送大学の教材として使用されています。交通参加者の行動や事故をリスクという観点から記述している点が特徴です。

『Handbook of traffic psychology』
Porter, B. E. (Ed.) (2011) Academic Press

英語で書かれた心理学の概説書です。世界の交通心理学の動向をまとめていて，初学者から専門家まで，参考になる本です。

『Traffic psychology: An international perspective』
Hennessy, D. (Ed.) (2011) Nova Science Publishers.

交通心理学の主要なトピクス20個に対して，専門的に解説した英語の書です。本格的に交通心理学を勉強しようとする人に最適です。

『交通事故はなぜなくならないか』
ワイルド，J. S. （著）芳賀繁（訳）（2007）新曜社

リスク・ホメオスタシス理論（人は一定量のリスクをとろうとするため，リスクをともなう活動を一定時間継続したときに発生する総体としての事故の確率は変わらない）を解説し，新たな事故防止対策として予防の動機づけを提言しています。

『事故と心理』（中公新書）
吉田信彌（2006）中央公論新社

行動観察にもとづいた運転者の具体的な行動を調べた研究が多く紹介し，客観的なデータから，行動と事故との関わりを追求しています。

『交通事故防止の人間科学』
松永勝也（編著）（2002）ナカニシヤ出版

年齢層や移動手段別に交通事故を分け，その防止法について交通心理学の知見に基づいて解説しています。

『交通行動の社会心理学』
髙木修（監修）蓮花一己（編著）（2000）北大路書房

道路上の移動という社会的行動を扱う交通心理学のトピックスについて，専門的に解説した交通心理学の書です。

文　献

● 第1章

Deffenbacher, J. L., Oetting, E. R., & Lynch, R. S.（1994）. Development of a driving anger scale. *Psychological Reports*, **74**, 83-91.

土木学会土木計画学研究委員会（2005）. モビリティ・マネジメント（MM）の手引き　土木学会

Echterhoff, W.（1991）. *Verkehrspsychologie: entwicklung, themen, resultate.* Bonn: Deutscher Psychologen Verlag.（長塚康弘（訳）（2000）. 交通心理学―歴史と成果―　企業開発センター）

藤井　聡（2007）. 日本における「モビリティ・マネジメント」の展開について　国際交通安全学会誌, **31**(4), 278-275.

Haddon, W. Jr., Suchman, E. D., & Klein, D.（1964）. *Accident research: methods and approaches.* New York: Harper & Row Publishers.

Haight, F. A.（2004）. Accident proneness: the history of an idea. In T. Rothengatter & R. D. Huguenin（Eds.）, *Traffic and transport psychology: Theory and application*（pp. 421-432）. Amsterdam: Elsevier.

Huguenin, R. D.（2005）. Traffic psychology in a (new) social setting. In G. Underwood（Ed.）, *Traffic & transport psychology: Theory and application*（pp. 3-14）. Amsterdam: Elsevier.

国際交通安全学会（2000）. 身体に保有するアルコールの程度が政令数値（0.25 ng）以下の場合の運転操作等に与える影響に関する調査研究　佐川交通社会財団助成課題研究

交通事故総合分析センター（2006）. アルコールが運転に与える影響の調査研究　警察庁受託事業

松浦常夫（2000）. 事故傾性と運転適性　蓮花一己（編）交通行動の社会心理学（pp. 18-26）　北大路書房

松浦常夫（2014）. 統計データが語る交通事故防止のヒント　東京法令出版

松浦常夫（2017）. 高齢ドライバーの安全心理学　東京大学出版会

Matthews, G., Desmond, P. A., Joyner, L. A., & Carcary, B.（1997）. A comprehensive questionnaire measure of driver stress and affect. In E. Carbonell Vaya & J. A. Rothengatter（Eds.）, *Traffc and transport psychology: Theory and application*（pp. 317-324）. Amsterdam: Pergamon.

三菱プレシジョン（2016）. 愛知工科大学研究用大型ドライビングシミュレータ　http://www.mpcnet.co.jp/product/simulation/result/research/autd3sim.html（2016年9月3日）

Rothengatter, T.（2001）. Objectives, topics and methods. In P.-E. Barjonet（Ed.）, *Traffic psychology today*（pp. 3-11）. Norwell, USA: Kluwer Academic Publishers.

● 第2章

Department for Transport（2011）. *Reported road casualties in Great Britain: 2010 Annual Report. Contributory factors to reported road accidents.* London, UK.

Department for Transport（2015）. *Contributory factors to reported road accidents 2014.* London, UK. https://www.gov.uk/government/statistics/reported-road-casualties-great-britain-annual-report-2014（2016年9月4日）

Fell, J. C.（1976）. A motor vehicle accident causal system: the human element. *Human Factors*, **18**, 85-94.

Heinrich, H. W.（1931）. *Industrial accident prevention: A scientific approach.* McGraw-Hill book Company, Incorporated.

Hendricks, D. L., Fell, J. C., & Freedman, M.（1999）. *The relative frequency of unsafe driving acts in serious traffic crashes. Summary technical report*（DTNH22-94-C-05020）. Washington DC: National Highway Safety Administration.

石田敏郎（1992）. 事業用トラック事故の人的要因分析―追突事故と対歩行者・自転車事故の比

較— 交通心理学研究, **8**(1), 19-26.
石田敏郎(1999).バリエーションツリーによる事故の人的要因の分析 自動車技術会論文集, **30**(2), 125-131.
神田直弥・石田敏郎(2001).出合頭事故における非優先側運転者の交差点進入行動の検討 日本交通科学協議会誌, **1**(1), 1-12.
交通事故総合分析センター(2015).男性高齢者の運転免許保有について考える イタルダ インフォーメーション, No. 109.
交通事故総合分析センター(2016).交通統計 平成 27 年版
Lee, S. N. & Fell, J. C. (1988). *A historical review of the National Highway Traffic Safety Administration's field accident investigation activities* (National Traffic Safety Administration, DOT HS 807 293). Washington DC: U. S. Department of Transportation.
Leplat, J. & Rasmussen, J. (1987). Analysis of human errors in industrial incidents and accidents for improvement of work safety. Rasmussen, J. et al. (Eds.), *New Technology and Human Error* (vol. 49, pp. 157-168). John Wiley & Sons.
松浦常夫(2014).事故原因 統計データが語る交通事故防止のヒント(pp. 146-156) 東京法令出版
野間圭介・田中英夫・浅井喜代治(1980).数量化理論による交通事故分析について―若年層および中年層の事故パターンの特徴抽出― 人間工学, **16**(3), 133-140.
Sabey, B. E. & Taylor, H. (1980). *The known risk we run; the highway* (TRLL Supplementary Report 567). Crowthorne, UK: Transport and Road Research Laboratory.
Shinar, D. (2007). *Traffic safety and human behavior* (pp. 695-726). Amsterdam, The Netherlands: Elesevier.
総務省統計局(2016).世界の統計 http://www.stat.go.jp/data/sekai/(2016 年 6 月 6 日)
Treat, J. R., Tumbas, N. S., McDonald, S. T., Shinar, D., Hume, R. D., Mayer, R. E., Stansifer, R. L., & Castellan, N. J. (1975). *Tri-level study of the causes of the traffic accidents.* (*Volume I: Research Findings*. DOT HS-801 334).
Treat J. R., Tumbas, N. S., McDonald, S. T., Shinar, D., Hume, R. D., Mayer, R. E., Stansifer, R. L., & Castellan, N. J. (1979). *Tri-level study of the causes of traffic accidents: Final report* (*Volume I: Causal factor tabulations and assessments*. DOT HS-805 085). Washington DC: U. S. Department of Transportation.

● 第3章

Elvik, R. (2006). Laws of accident causation. *Accident Analysis and Prevention*, **38**, 742-747.
Froggatt, P. and Smiley, J. A. (1964). The concept of accident proneness: A review. *British Journal of Industrial Medicine*, **21**, 1-12.
藤田悟朗・岡村和子(2016).更新時講習で用いる運転態度の質問紙検査が備えるべき条件に関する研究 科学警察研究所報告, **65**, 13-19.
Haight, F. A. (2001). *Accident proneness: the history of an idea.* Institute of Transportation Studies University of California, Irvine, California.
Hatakka, M., Keskinen, E., Gregersen, N. P., Glad, A., & Hernetkoski, K. (2002). From control of the vehicle to personal self-control: Broadening the perspectives to driver education. *Transportation Research Part F*, **5**, 201-215.
国家公安委員会・警察庁(2016).平成 28 年版警察白書 日経印刷
高速道路調査会(2015).高速道路での居眠り運転防止に向けた効果的な対策に関する調査研究報告書 公益財団法人高速道路調査会 https://www.express-highway.or.jp/jigyo/kenkyu/report/pdf/t/rpt_t_006.pdf?20150630(2016 年 8 月 18 日)
松浦常夫(2000).事故傾性と運転適性 蓮花一己(編)高木 修(監修)交通行動の社会心理学(pp. 18-26) 北大路書房
Moskowitz, H. & Fiorentino, D. (2000). *A review of the literature on the effects of low doses of alcohol on driving-related skills.* NHTSA Report DOT HS-809 028. Washington DC: U. S. Department of Transportation.

中川寿一・樋口　進・神奈川県警察本部・独立行政法人国立病院機構久里浜アルコール症センター（2008）．飲酒と運転に関する結果報告書

日本工業標準調査会（2007）．JIS Z 8501: 2007　人間工学―作業システム設計の原則　日本工業標準調査会

労働安全衛生総合研究所（2007）．過労運転等による交通労働災害防止に係る調査研究報告書　独立行政法人労働安全衛生総合研究所

Sümer, N.（2003）．Personality and behavioral predictors of traffic accidents: testing a contextual mediated model. *Accident Analysis and Prevention*, **35**, 949–964.

宇留野藤雄（1972）．改訂　交通心理学　技術書院

Visser, E., PiJl, Y. J., Stolk, R. P., Neeleman, J., & Rosmalen, J. G. M.（2007）．Accident proneness, does it exist? A review and meta-analysis. *Accident Analysis and Prevention*, **39**, 556–564.

吉田信彌（1991）．適性検査をめぐる諸問題　*IATSS Review*, **16**, 249–258.

● 第4章

Crick, J. & McKenna, F. P.（1991）．Hazard perception: can it be trained? *Behavioural Research in Road Safety*, **2**, 100–107.

Cushman, L. A.（1996）．Cognitive capacity and concurrent driving performance in older drivers. *IATSS Research*, **20**(1), 38–47.

Finn, P. & Bragg, B. W. E.（1986）．Perception of the risk of an accident by young and older drivers. *Accident Analysis and Prevention*, **18**, 289–298.

船津孝之（1977）．人―車系の挙動の測定と管理　*IATSS Review*, **3**(4), 248–258. http://www.iatss.or.jp/common/pdf/publication/iatss-review/03-4-04.pdf（2016年7月24日）

Greenshields, B. D. & Platt, F. N.（1967）．Development of a method of predicting high-accident and high-violation drivers. *Journal of applied Psychology*, **51**, 205–210.

亀井利明（1995）．危機管理と保険理論　法律文化社

Keskinen, E.（1996）．Why do young drivers have more accidents? In BASt（Ed.）, *Junger Fahrer und Fahrerinnen, Mensch und Sicherheit*（pp. 280–290）．Heft M52, Bundesanstalt für Straßenwesen.

Mourant, R. R. & Rockwell, T. H.（1972）．Strategies of visual search by novice and experienced drivers. *Human Factors*, **14**, 325–335.

中井　宏・臼井伸之介（2006）．運転場面におけるリスクテイキング行動の一貫性検証　応用心理学研究, **32**(1), 1–10.

中村　愛・島崎　敢・伊藤　輔・三品　誠・石田敏郎（2013）．タブレット端末と事故映像を用いたハザード知覚訓練と運転行動　人間工学, **49**(3), 126–131.

仁平義明（2000）．オートマチック車の運転エラーとシステムデザイン―認知工学の視点から―　オペレーションズ・リサーチ, **45**(11), 560–567.　http://www.orsj.or.jp/~archive/pdf/bul/Vol.45_11_560.pdf（2016年7月24日）

Renge, K.（1998）．Drivers hazard and risk perception, confidence in safe driving, and choice of speed, *IATSS Research*, **22**, (2), 103–110.

蓮花一己・石橋富和・尾入正哲・太田博雄・恒成茂行・向井希宏（2003）．高齢ドライバーの運転パフォーマンスとハザード知覚　応用心理学研究, **29**(1), 1–16.

Soliday, S. T.（1974）．Relationship between age and hazard perception in automobile drivers, *Perceptual and Motor Skills*, **39**, 335–338.

Wilde, G. J. S.（1982）．The theory of risk homeostasis: Implications for safety and health. *Risk Analysis*, **2**, 209–225.

吉田信彌（1995）．シートベルト着用者と非着用者の交差点行動の比較　*IATSS Review*, **21**(1), 38–46. http://www.iatss.or.jp/common/pdf/publication/iatss-review/21-1-07.pdf（2016年7月24日）

吉田信彌（2006）．事故と心理　中央公論新社

吉田信彌（2007）．人の心の「なぜ」に迫る交通心理学　岩波書店編集部（編）いま、この研究がおもしろい　Part2（pp. 45–64）岩波書店

Zuckerman, M.（1994）．*Behavioral expressions and biosocial bases of sensation seeking*.

Cambridge: University of Cambridge Press.

● 第5章

Brown, I. D., Groeger, J. A., & Biehl, B. (1987). Is driver training contributing enough towards road safety? In J. A. Rothengatter & R. A. de Bruin (Eds.), *Road users & traffic safety* (pp. 135-156). Assen, The Netherlands: Van Gorcum.

Hatakka, M., Keskinen, E., Gregersen, N. P., Glad, A., & Hersetkoski, K. (2002). From control of the vehicle to personal self-control; broadening the perspectives to driver education. *Transportation Research Part F*, **5**, 201-215.

Heinrich, H. W. (1931). *Industrial accident prevention: A scientific approach*. McGraw-Hill book Company, Incorporated. (三村起一（監修）(1951). 災害防止の科学的研究　日本安全衛生協会)

HERMES (2010). EU HERMES Project　http://www.alles-fuehrerschein.at/HERMES/

Katila, A., Keskinen, S. & Hatakka, M. (1996). Conflicting goals of skid training. *Accident Analysis and Prevention*, **28**(6), 785-789.

Keskinen, E. (2008). 欧州における運転者教育の最近の傾向―理論から実践へ―　*IATSS Review*, **33**(1), 123-128.

Klebelsberg, D. (1982). *Verkehrespsychologie*. Berlin: Springer-Verlag. (長山泰久（監訳）蓮花一己（訳）(1990). 交通心理学　企業開発センター)

小島幸夫 (1997). 初心運転者と熟練運転者の運転特性　第1報：注視特性について　自動車技術会論文集, **28**(2), 73-78.

小島幸夫・永井正夫 (1998). 初心運転者と熟練運転者の運転特性　第2報：カーブ区間での速度制御と方向制御　自動車技術会論文集, **29**(2), 121-126.

松浦常夫 (1999). 運転技能の自己評価に見られる過大評価傾向　心理学評論, **42**(4), 419-437.

松浦常夫 (2005). 初心運転者の心理学　企業開発センター交通問題研究室

Mourant, R. R. & Rockwell, T. H. (1972). Strategies of visual search by novice and experienced drivers. *Human Factors*, **14**(4), 325-335.

内閣府 (2015). 平成26年度　交通事故の状況及び交通安全施策の現況　http://www8.cao.go.jp/koutu/taisaku/h27kou_haku/zenbun/genkyo/h1/h1b1s2_5.html (2016年11月1日)

岡村和子 (2012). 若年ドライバーへの交通安全対策の効果に関する文献レビュー　*IATSS Review*, **37**(2), 132-141.

太田博雄・長塚康弘 (2004). 「一時停止・確認行動」をテーマとした教育プログラム開発―その理論的背景と教育効果測定―　交通心理学研究, **20**(1), 1-14.

Rasmussen, J. (1986). *Information processing and human-machine interaction: An approach to cognitive engineering*. New York: Elsevier.

蓮花一己 (1996). 公式・非公式の対人交通コミュニケーションの理解に及ぼす運転経験の効果―スライド提示法を用いて―　社会心理学研究, **12**(2), 125-134.

Renge, K. (1998). Drivers' hazard and risk perception, confidence in safe driving, and choice of speed. *IATSS Research*, **22**(2), 103-110.

佐藤公治 (1993). 運転初心者と熟達者の視覚探索・周辺視情報処理　*IATSS Review*, **19**(3), 191-199.

Scialfa, C. T., Deschênes, M. C., Ference, J., Boone, J., Horswill, M. S., & Wetton, M. (2011). A hazard perception test for novice drivers. *Accident Analysis and Prevention*, **43**, 204-208.

Shinar, D., Meir, M., & Ben-Shoham, I. (1998). How automatic is manual gear shifting? *Human Factors*, **40**(4), 647-654.

Shope, J. T. (2007). Graduated driver licensing: Review of evaluation results since 2002. *Journal of Safety Research*, **38**, 165-175.

Summala, H. (1987). Young driver accidents: Risk taking or failure of skills? *Alcohol, Drugs and Driving*, **3**, 79-91.

▶ 現場の声 11

Edwards, I.(2013). *Can drivers really teach themselves?: A practitioner's guide to using learner centred and coaching approaches in driver education.*（SMA サポート株式会社 RMS 部（訳）太田博雄（監修）(2014). ドライバーのための自分づくり教育 SMA サポート株式会社）

● 第6章

Ampofo-Boateng, K. & Thomson, J. A.(1991). Children's perception of safety and danger on the road. *British Journal of Psychology*, **82**, 487-505.

Csikszentmihalyi, M.(1990). *Flow: The psychology of optimal experience.* London: Happer & Row.

David, S. S. J., Foot, H. C., & Chapman, A. J.(1990). Children's sensitivity to traffic hazard in peripheral vision. *Applied Cognitive Psychology*, **4**, 471-484.

Dragutinovic, N. & Twisk, D.(2006). *The effectiveness of road safety education.* SWOV. R-2006-6.

Hazlett, R. D. & Allen, M. J.(1968). The ability to see a pedestrian at night: The effect of clothing, reflectorization, and driver intoxication. *American Journal of Optometry and Archives of the American Academy of Optometry*, **45**, 246-257.

橘田 潮・津村 茂・高田 弘（1967）．横断歩行者の実態と事故分析（第1報） 科学警察研究所報告交通編, **8**(1), 91-99.

交通事故総合分析センター（2015）．交通統計 平成26年版

子安増生（2000）．心の理論―心を読む心の科学― 岩波書店

松尾幸二郎・廣畠康裕・佐藤修生・山内洋佑（2013）．無信号横断歩道におけるドライバーの「譲り」に関する基礎的調査および考察 第33回交通工学研究発表会論文集, 225-228.

Michon, J. A.(1981). Traffic education for young pedestrians ― An introduction. *Accident analysis and prevention*, **13**, 163-167.

三井達郎・矢野伸裕・萩田賢司（1998）．無信号横断歩道における高齢者の横断行動と安全対策に関する研究 土木計画学会・論文集, **15**, 791-802.

森 健二（2016）．高齢者と歩行困難者の横断速度 月刊交通, **47**(6), 93-98.

長町三生（1981）．中高年生活活性化のための生涯的職務設計 日本生産性本部

内閣府（2013）．平成24年度 子どもの交通安全確保に関する地方自治体等の施策の実態調査報告書

小川和久（2007）．児童を対象とした交通安全教育プログラム「危険箇所マップづくり」 IATSS Review, **32**, 31-40.

大谷 亮（2016a）．効果的な交通安全教育のために 大谷 亮・金光義弘・谷口俊治・向井希宏・小川和久・山口直範（編） 子どものための交通安全教育入門―心理学からのアプローチ―（pp. 3-12） ナカニシヤ出版

大谷 亮（2016b）．子どもの発達と交通安全教育 大谷 亮・金光義弘・谷口俊治・向井希宏・小川和久・山口直範（編） 子どものための交通安全教育入門―心理学からのアプローチ―（pp. 13-23） ナカニシヤ出版

大谷 亮・橋本 博・岡田和未・小林 隆・岡野玲子（2012）．児童の交通安全のための実践的・継続的教育手法とその効果―横断行動の認識を促進させるアプローチ― 交通心理学研究, **28**, 8-21.

大谷 亮・橋本 博・岡田和未・小林 隆・岡野玲子（2014）．低学年児童を対象にした道路横断訓練の有効性 交通心理学研究, **30**(1), 26-40.

太田博雄（1992）．高齢ドライバーの人的事故要因に関する調査研究 中間報告書（その2） 国際交通安全学会

蓮花一己（1997）．子どものための学校交通教育―ヨーロッパでの展開と日本の課題― IATSS Review, **22**(3), 177-185.

蓮花一己（2012）．日本の交通安全教育の課題と展望―自転車利用者への教育を中心に― 交通安全教育, No. 549, 10-18.

斉藤良子（1975）．子どもの交通規則に対する意識の発達 科学警察研究所報告交通編, **16**(1), 26-33.

Sandels, S.(Ed)(1975). *Children in traffic.* (translation of Swedith 1968 edition by H. Mabon and

edited by J. Hartley）London: Elek Books.
田中伸治・伊藤啓介・中村文彦・王　鋭（2014）．無信号横断歩道における歩行者横断実態の分析　第34回交通工学研究発表会論文集，577-580．
谷口綾子・吉村聡哉・石田東生（2012）．車両と歩行者・自転車間のコミュニケーションによる協調行動の生起に関する研究　土木学会論文集D3（土木計画学），**68**(5)，I_1115-I_1122．
Thomson, J. A., Ampofo-Boateng, K., Pitcairn, T., Grieve, R., Lee, D. N., & Demetre, J. D.（1992）． Behavioural group training of children to find safe routes to cross the road. *British Journal of Psychology*, **62**, 173-183.
Thomson, J. A., Tolmie, A., Foot, H. C., & Mclaren, B.（1996）． *Child development and the aims of road safety education: A review and analysis*. Department of Transport Road Safety Research Report No 1. Norwich, UK: HMSO.
Vinje, M. P.（1982）． Children as pedestrians: Abilities and limitation. *Accident Analysis and Prevention*, **13**(3), 225-240.
矢野伸裕（2005）．信号機付き横断歩道における歩行者の横断速度に関する研究　2．横断開始タイミングと横断速度の関係　科学警察研究所報告交通編，**44**(1)，38-43．
矢野伸裕・森　健二（2004）．青点滅表示中の横断開始行動と青点滅表示の意味についての認識　第24回交通工学研究発表会論文報告集，317-320．
矢野伸裕・森　健二（2005）．青点滅表示時間の長さが青点滅時の横断開始に及ぼす影響　科学警察研究所報告交通編，**44**(1)，27-31．
矢野伸裕・森　健二・横関俊也・萩田賢司（2016a）．無信号横断歩道における歩車間コミュニケーションの分類　日本交通心理学会第81回大会発表論文集，5-8．
矢野伸裕・森　健二・横関俊也・萩田賢司（2016b）．無信号横断歩道における歩車間コミュニケーション―歩行者が行う合図と運転者の譲り意図の認知について―　土木計画学研究・講演集，**53**，50-53．

▶ 現場の声14
警察庁（2012）．平成23年度高齢歩行者・高齢自転車乗用者対策の充実のための調査交通事故総合分析センター（2015）．平成26年版　交通統計

人名索引

● B
Brown, I. D.　81

● E
Edwards, I.　97

● F
Fiorentino, D.　48

● H
Haddon, W. Jr.　2
Haight, F. A.　38
Hatakka, M.　85
Heinrich, H. W.　15, 86
Huguenin, R. D.　1

● I
石田敏郎　26

● K
Katila, A.　86
Keskinen, E.　60
Klebelsberg, D.　91
小島幸夫　82

● L
Leplat, J.　25

● M
Matthews, G.　9
松浦常夫　18, 80
Michon, J. A.　114
三井達郎　104
森　健二　107
Moskowitz, H.　48

Mourant, R. R.　68, 83

● N
永井正夫　82
長塚康弘　86

● O
岡村和子　85
太田博雄　86
大谷　亮　114

● R
Rasmussen, J.　25, 81
Renge, K.　61, 83
蓮花一己　84
Rockwell, T. H.　68, 83
Rothengatter, T.　2

● S
斉藤良子　112
Sandels, S.　112
Shinar, D.　16, 82
Sümer, N.　40
Summala, H.　82

● T
Treat, J. R.　22

● Y
矢野伸裕　107
吉田信彌　66

● Z
Zuckerman, M.　65

事項索引

●あ
青点滅信号　106
アルコール　46
安全運転管理　50
安全運転管理者　102
安全運転教育　90
安全運転支援装置　4
安全確認　70

●い
一時停止行動　86
5つのM　15
移動（モビリティ）　5
居眠り運転　45
飲酒運転　45, 47

●う
運転技能　66, 80
運転技能自動評価システム　75
運転技能の自己評価　90
運転経験　61
運転行動の次元問題　69
運転実技講習　78
運転シミュレータ　73
運転者教育　73
運転操作技能　80
運転行動の階層モデル　60
運転適性　35
運転適性検査　10, 38, 41, 50
運転適性診断　55
運転疲労　42
運転免許　79
運転免許試験　36
運動行動の階層モデル　85
運輸安全マネジメント　100

●お
横断歩道　104
OD式安全性テスト　52
オプティミズムバイアス　88

●か
カウンセリング　51, 96
過労運転　45
観察　8
鑑定　30

●き
技能試験　66
ギャップ　104
教育の効果　116
強化　88
行政機関　iv

●く
Green Cross Code　111

●け
警察庁方式運転適性検査K型　51

●こ
効果評価　11
交通安全教育　110
交通安全教育指導員　123
交通違反　33
交通事故　13
交通事故鑑定　30
交通事故原因　14
交通事故総合分析センター　20, 33
交通事故統計原票　21
交通事故統計データ　33
交通事故防止対策　4
交通心理士　53, 99
交通心理士制度　iv
行動観察　67
コーチング　93, 98
心の理論　113
個人差　68

●さ
再教育　86

●し
CRT運転適性検査　50
GDEマトリックス　92
GDEモデル　61
シートベルト　70
自覚症しらべ　43
事故傾性　2, 38
事故調査　20
事故統計　24
事故連鎖モデル　15
実況見分調書　30
実験　7
質問紙調査　9
指定自動車教習所制度　79
自動車教習所　75, 79, 97, 121
自動車事故対策機構　99
社会的技能　80
JAF（日本自動車連盟）　77
詳細分析　18, 20, 22
職業運転者教育　99
初心運転者　82
事例分析　25

●す
スキルベース　81

●せ
正常性バイアス　88
生理指標　44
センセーションシーキング　65

●た
段階的運転免許取得制度　84

●ち
知覚技能　80
知識ベース　81
注視行動　83

●て
ティーチング　93, 98
データ解析　10
適性試験　36
適性診断　99

●と
統計分析　18, 20
同乗観察法　8
道路横断　103, 112, 120
飛び出し　112, 124
ドライビング・シミュレータ　7
ドライブレコーダ　27
取消処分者講習　95

●な
内発的動機づけ　115
NASA-TLX　43

●に
人間要因　17
認知技能　80
認知バイアス　39, 88

●は
ハインリッヒの法則　86
ハザード　59, 81

ハザード知覚　58
ハザード知覚テスト　62
バス会社　54
パフォーマンス　68
バリエーションツリー　25
反応時間　48

●ふ
フリッカー　44
フレームワーク　85

●ほ
歩行シミュレータ　122
歩行者　104
歩行者安全教育　119
歩行者教育　114, 121
歩行速度　107
歩車間コミュニケーション　105

●ま
マスコミ　iii

●め
メタ認知　91
面接調査　9

●ら
ラグ　105

●り
リスキーシフト　88
リスク　59
リスク効用　64
リスクコンサルタント　28
リスクテイキング　57, 71
リスクホメオスタシス　65

●る
ルールベース　81

■ シリーズ監修者

太田信夫　（筑波大学名誉教授・東京福祉大学教授）

■ 執筆者一覧 （執筆順）

松浦常夫	（編者）	はじめに，第1章，第2章1節，付録
石田敏郎	（早稲田大学名誉教授）	第2章2節
岡村和子	（警察庁科学警察研究所）	第3章1節
志堂寺和則	（九州大学）	第3章2節
蓮花一己	（帝塚山大学）	第4章1節
吉田信彌	（東北学院大学）	第4章2節
神田直弥	（東北公益文科大学）	第5章1節
太田博雄	（東北工業大学名誉教授）	第5章2節
矢野伸裕	（警察庁科学警察研究所）	第6章1節
大谷　亮	（一般財団法人日本自動車研究所）	第6章2節

■ 現場の声　執筆者一覧 （所属等は執筆当時のもの）

現場の声1	貝塚清士	（インターリスク総研株式会社）
現場の声2	上山　勝	（NPO法人交通事故解析士認定協会）
現場の声3	西田　泰	（公益財団法人交通事故総合分析センター）
現場の声4	菅野　裕	（神奈川県警察本部交通部交通総務課）
現場の声5	宮川忠蔵	（株式会社電脳）
現場の声6	須和憲和	（株式会社ウエスト神姫）
現場の声7	栗田弦太	（三菱プレシジョン株式会社）
現場の声8	瀬川　誠	（株式会社山城自動車教習所）
現場の声9	吉村俊哉	（自動車安全運転センター安全運転中央研修所）
現場の声10	内田千枝子	（警視庁運転免許本部運転者教育課）
現場の声11	石川淳也	（合資会社中央自動車学校）
現場の声12	佐伯勝幸	（独立行政法人自動車事故対策機構）
現場の声13	大村孝男	（交通安全ジャーナリスト）
現場の声14	中西　盟	（本田技研工業株式会社）
現場の声15	鬼生田顕英	（株式会社富久山自動車教習所）
現場の声16	廣瀬明子	（つくば市環境生活部危機管理課）

【監修者紹介】

太田信夫（おおた・のぶお）
1971 年　名古屋大学大学院教育学研究科博士課程単位取得満了
現　在　筑波大学名誉教授　東京福祉大学教授　教育学博士（名古屋大学）
【主著・論文】
　記憶の心理学と現代社会（編著）　有斐閣　2006 年
　記憶の心理学（編著）　ＮＨＫ出版　2008 年
　記憶の生涯発達心理学（編著）　北大路書房　2008 年
　認知心理学：知のメカニズムの探究（共著）　培風館　2011 年
　現代の認知心理学【全 7 巻】（編者代表）　北大路書房　2011 年
　Memory and Aging（共編著）　Psychology Press　2012 年
　Dementia and Memory（共編著）　Psychology Press　2014 年

【編者紹介】

松浦常夫（まつうら・つねお）
1978 年　東京大学教育学部卒業
現　在　実践女子大学人間社会学部教授，博士（人間科学）
【主著】
　初心運転者の心理学　企業開発センター　2005 年
　応用心理学事典（編集幹事）　丸善株式会社　2007 年
　統計データが語る交通事故防止のヒント　東京法令出版　2014 年
　高齢ドライバーの安全心理学　東京大学出版会　2017 年
　交通心理学入門（共編著）　企業開発センター　2017 年

シリーズ心理学と仕事 18　交通心理学

| 2017年7月10日 | 初版第1刷印刷 |
| 2017年7月20日 | 初版第1刷発行 |

定価はカバーに表示してあります。

監修者　太田信夫
編　者　松浦常夫
発行所　（株）北大路書房

〒603-8303　京都市北区紫野十二坊町 12-8
電　話　（075）431-0361（代）
FAX　（075）431-9393
振替　01050-4-2083

©2017

印刷・製本／創栄図書印刷（株）
検印省略　落丁・乱丁本はお取り替えいたします。
ISBN978-4-7628-2980-2　Printed in Japan

・ JCOPY 〈(社)出版者著作権管理機構 委託出版物〉
本書の無断複写は著作権法上での例外を除き禁じられています。
複写される場合は，そのつど事前に，(社)出版者著作権管理機構
（電話 03-3513-6969,FAX 03-3513-6979,e-mail: info@jcopy.or.jp）
の許諾を得てください。